少子高齢社会の
福祉・介護サービス職

下山 昭夫

学文社

■ はしがき ■

　人口構造の少子化ならびに高齢化が同時進行している。合計特殊出生率の低下などを起因とする少子化，そして65歳以上の老年人口比率の増加による高齢化は，今後も持続するものと見込まれている。現代日本は「少子高齢社会」へと変貌し，さらにそれは「進行形」の状態にある。

　「少子高齢社会」は，われわれに対し，さまざまな解決すべき政策上の諸課題を提示している。たとえば，若年労働力不足と少子化対策，社会保障分野では年金財政そして高齢者医療費等の医療保険財政をめぐる税や社会保険料負担の問題，また社会福祉の領域では寝たきりや認知症等の要介護高齢者の介護をめぐる問題がある。

　筆者は，2001(平成13)年3月に『介護の社会化と福祉・介護マンパワー』(学文社刊)を著した。そこでは，少子高齢化が進行するなかで，高齢者介護をめぐる環境変化による「介護の社会化」の必要性をふまえつつ，それを支えるための「福祉・介護マンパワー」の養成と確保について，その現状と課題について論じてきた。とくに，若年労働力の供給制約下における「福祉・介護マンパワー」の養成と確保に関しては，人材確保の面でネックとなりうる労働条件の現状分析を行っている。また，社会福祉士・介護福祉士の国家資格制度との関連では，「福祉・介護マンパワー」の専門職性の実相などについても言及している。実際の福祉・介護サービスの各論的な分析では，シルバーサービス業と非営利の住民参加型団体の活動を取り上げた。

　さて，本書は，前著『介護の社会化と福祉・介護マンパワー』の延長線上に位置づけられるものである。

　要介護高齢者をめぐる介護問題への政策的対処としては，2000(平成12)年度より介護保険制度が運用を開始している。介護保険制度は「介護の社会化」を標榜し，従来の措置制度から社会保険制度へと，高齢者介護に関するシステ

ムを抜本的に変更している。その後，2006（平成18）年度には大幅な制度改正が行われている。本書は，介護保険制度施行後の，認知症や寝たきり等の要介護高齢者に対する福祉・介護サービスを取り上げ，それらのサービスの担い手である「福祉・介護サービス職」をめぐって議論していく。

　具体的な論点としては，「消費市場」あるいは「労働市場」としての福祉・介護サービス市場の現状分析に焦点をおき，介護保険施設や居宅介護サービス事業所の経営実態，福祉・介護サービス職の労働条件の実情等に関して分析・考察し，さらに，人材確保・人材定着対策についても言及していきたい。

2008年2月

　　　　　　　　　　　　　　　　　　　　　　　　　　　下山　昭夫

■ 目　　次 ■

はしがき………………………………………………………………………… i
序　章　本書の研究課題と構成 ……………………………………………… 1
第1章　少子高齢化と福祉・介護サービス ………………………………… 7
　　1．少子高齢化の人口動向………7
　　2．少子高齢化の将来予測………9
　　3．少子高齢化の人口学的背景………16
　　4．少子高齢社会における福祉・介護サービス………22
第2章　高齢者介護の現状と問題 …………………………………………… 25
　　1．高齢者の心身の状況と介護の場………25
　　2．居宅における家族介護の実態………29
　　3．居宅介護における家族介護者負担………40
　　4．要介護高齢者の増加と居宅サービス需要………46
第3章　家族変動と「介護の社会化」 ……………………………………… 50
　　1．高齢者家族の形態変化………50
　　2．扶養・介護意識の変化………53
　　3．女性の雇用労働者化………62
　　4．家族の変化と「介護の社会化」………67
第4章　福祉・介護マンパワーの広がり …………………………………… 70
　　1．福祉・介護マンパワーの多様性と多面性………70
　　2．福祉・介護サービス従事者数の現在と今後の見込み………74
　　3．福祉NPO活動による福祉・介護サービス「労働」の広がり………82
第5章　福祉・介護サービスの市場化 ……………………………………… 88
　　1．福祉・介護サービスの市場化………88
　　2．消費市場としての福祉・介護サービスの拡大………93

3．労働市場としての福祉・介護サービスの拡大………96
  4．「営利法人化」としての「福祉・介護サービスの市場化」………105
第6章　福祉・介護サービス事業所の経営実態……………………111
  1．施設サービス事業所の経営実態………111
  2．居宅サービス事業所の経営実態………118
  3．労働集約型産業としての福祉・介護サービス………126
第7章　福祉・介護サービス職の労働実態……………………………130
  1．福祉・介護サービス職の労働力構成………130
  2．福祉・介護サービス職の労働条件………138
  3．福祉・介護サービス職の求人・求職動向………155
第8章　福祉・介護サービス職の就労意識と労働市場の特性…………163
  1．福祉・介護サービス職の就労意識の構造………163
  2．福祉・介護サービス職の勤続意向………167
  3．福祉・介護サービス職の労働市場の特性………171
第9章　福祉・介護サービス職の職場定着対策……………………178
  1．福祉・介護サービス職の職場定着問題の背景………178
  2．福祉・介護サービス職の労働条件の向上………182
  3．福祉・介護サービス職のモラール管理………186
  4．福祉・介護サービス職の人間関係管理………190
  5．福祉・介護サービス職のキャリア管理………193
終　章　少子高齢社会における福祉・介護サービス職………………197
  1．少子高齢化の進行と高齢者介護の環境変化………198
  2．福祉・介護マンパワーの広がりに内在する問題………199
  3．「営利法人化」する福祉・介護サービス事業者………201
  4．組織原理の異なる事業体の同一市場での併存による影響………202
  5．福祉・介護サービス職の非正社員化と二重構造の労働市場………203
  6．福祉・介護サービス職の階層化と職場定着問題………205

7. 形成過程の専門職労働市場………207

参考文献・参考資料……………………………………………209
あとがき…………………………………………………………212
索　　引…………………………………………………………214

序章

本書の研究課題と構成

　本書が包括的に取り上げている研究テーマは，少子高齢社会において主要な政策課題となる要介護高齢者の社会的介護の役割を担う福祉・介護サービス職の現状における問題点とその社会的経済的状況に関する分析と考察である。

　筆者による『介護の社会化と福祉・介護マンパワー』では，「介護の社会化を可能とし，それを支える福祉・介護マンパワーの養成の現状と確保の課題を明らかにする」ことを，研究上の目的としていた。

　前書のキーワードの一つである「介護の社会化」については，寝たきりや認知症等の要介護の状態にある高齢者の「介護にかかる責任主体の基軸を変更すること」と規定していた。日本社会では，これまで要介護状態の高齢者を介護する社会的役割は，主に子ども家族が担ってきた。私的な高齢者介護が主軸であったのである。この子ども家族による私的介護は，産業化や都市化等の社会的経済的な変動に伴う若年労働力の地域間移動，加えて「高齢者家族の核家族化」つまり高齢者の単独世帯や夫婦のみ世帯の増加といった家族変動などを背景に困難な状況となり，社会的介護に比重を移さなければならなくなってきている。私的介護から社会的介護へ責任主体の基軸を変更する「介護の社会化」は歴史的な趨勢でもある。

　さらに，「介護の社会化」には私的介護から社会的介護への基軸の変更に加え，社会的介護の拡充・促進による子ども家族による私的介護の負担軽減の側面も含んでいる。要介護高齢者の介護の役割を担う家族の負担は大きく，それを軽減する「介護の社会化」は歴史的な要請であると考えることができる。

　ともあれ，「介護の社会化」はあくまでも要介護高齢者の介護について，社

会全体のレベルでの，その責任主体の基軸の変更を意味するものである。子ども家族による私的介護それ自体を否定してするものではない。それは，個々の家族の，あるいは個々人の選択として尊重されなければならない。問題なのは，高齢者介護が子ども家族のなかでも女性に対して「社会的に強要されている」ことなのである。

　さて，前書では「介護の社会化」の必要性について，社会的経済的そして家族的な環境変化の側面から議論してきた。最初に，人口高齢化の将来予測と要介護高齢者の増加に関する予測を踏まえ，要介護高齢者の量的な増大という「介護の社会化」を求めている人口学的背景を整理した。そのうえで，従来からの高齢者介護の環境条件の変化として，高齢者家族の形態変化，高齢者に対する扶養・介護意識の変化，既婚女性の労働力化とりわけ女性の雇用労働力化という「介護の社会化」の家族的背景の実情を確認した。また，「介護の社会化」に関する概念規定やその具体的内容や方法に関しても考察した。

　次いで，前書においては，「介護の社会化」を支える福祉・介護マンパワーの量的な確保そしてサービスの水準を維持・向上させるための方策について分析・考察した。量的な確保に関しては，労働市場全体との関連で「社会福祉や介護の業界」が必要な労働力を確保しうるのかどうか，福祉・介護マンパワーの労働条件を中心に議論した。サービス水準の維持と向上については，社会福祉士・介護福祉士の国家資格制度や専門職養成の課題について言及した。さらに，福祉・介護マンパワーの雇用管理や活動の現状等について，2つの福祉・介護サービスの供給主体について各論的な考察を行った。一つは有料老人ホームや在宅福祉サービスを提供する営利企業であるシルバーサービス業であり，いま一つは非営利民間組織である住民参加型団体に焦点をあてたものである。

　このように「介護の社会化」をめぐるさまざまな視点からの分析と考察を通じて，それに必要不可欠な福祉・介護マンパワーの養成と確保にかかる現状と問題点を明らかにしてきた。

　さて，本書においては，次のような章立てにより，福祉・介護マンパワー全

体のなかから，それを職業として従事している「福祉・介護サービス職」に焦点をあて議論をすすめている。

　第1章では，現代日本の社会変動上の特徴である「少子高齢化」について，人口構造の変化やその要因を整理している。それらをふまえ，少子化や高齢化の現状やこれまでの経過，あるいは将来の見込み，特徴点，そして少子化と高齢化の背景などについて明らかにする。

　第2章では，福祉・介護サービスが必要となる要介護高齢者の介護の実態，とくに居宅における家族介護の実相や介護負担感について論じる。さらに，介護負担をその背景の一つとする高齢者虐待の問題についてもその要因を明らかにしていきたい。また，今後必要となる福祉・介護サービスの量的な側面を見通すための要介護高齢者の増加傾向についても触れることとなる。

　第3章は，主に家族変動を取り上げる章である。高齢者の単独世帯や夫婦のみ世帯などの家族の形態変化すなわち高齢者家族の核家族化，その将来予測，さらに高齢者との同別居意識や扶養規範意識などの家族意識の側面についても，今日の動向を分析・考察していく。家族介護においては，その是非を別にして，現実的には女性がその役割を担っている。それを困難にしている女性の労働力化の動向についても触れ，「介護の社会化」をすすめるための条件整備の課題を明らかにしていきたい。

　以上の各章は，要介護高齢者に対して社会的介護の役割を担う福祉・介護サービス職の確保の必要性を確認するための準備的作業に位置づけられる。人口の高齢化は，現在のところでは，要介護高齢者の増加を招く根源的な要因である。それに対して，従来からの家族介護による私的な領域での高齢者介護が困難になっている社会的環境の変化について，高齢者家族の変貌，家族介護の実態や女性の労働力化，あるいは高齢期における被介護意識や高齢者に対する扶養・介護意識の変化を整理することになる。

　このような第1章から第3章までの分析と考察をふまえ，第4章では，福祉・介護サービスのマンパワーの広がりについて論じる。高齢者介護を職業と

して従事する福祉・介護サービス職の現在の人員数や今後の増加予測，つまり福祉・介護サービス職の量的側面について扱う。また，近年増え続けている福祉NPOにおける介護サービスや家事援助サービスを提供する「担い手」あるいは「有償ボランティア」も，広義の福祉・介護マンパワーであることから，その広範な広がりについても触れていく。それは，これらの人たちの「活動の仕方」では，その対価は賃金ではないが，実質的な意味での「報酬」を獲得しているからであり，地域の賃金市場に対する影響が皆無とはいえないからである。

本書において，主に分析・考察の対象としているのは，要介護高齢者の社会的介護について，「職業として従事する福祉・介護サービス職」である。第5章以降は，いうなれば，福祉・介護サービス職に関するいくつかの視点からの各論的な分析と考察に位置づけたい。

まず，第5章は福祉・介護サービスの市場化として，介護保険制度が運用をはじめて以降の，消費市場として，そして労働市場としての，福祉・介護サービス市場の拡大基調を統計データにより確認している。それは，「営利法人化」とでもいうべき市場化の流れである。「営利法人化」とは，単に，営利法人が福祉・介護サービス市場において事業所としての占有率を高めるということだけではない。公益法人である社会福祉法人が「営利法人的」な経営行動を採用しているのではないかという点も含んでいる。

第6章は，第5章をふまえ，福祉・介護サービス職が雇用されている介護保険施設や居宅介護サービス等の事業所の経営行動やその実情の解明に努めている。別の見方をすれば，福祉・介護サービス職の労働環境を経営サイドの視点から見つめていくことになろう。この章では，全般的にみて，厳して福祉・介護サービス業の経営状況を明らかにする。

第7章は，福祉・介護サービス職の労働実態を扱っている。福祉・介護サービス職の労働力としての構成の特徴，賃金等の労働条件面での実態，そして求人・求職の動向などから，現状における労働実態の問題点を抽出することにな

ろう。本章では，賃金水準の問題，非正社員化の傾向，福祉・介護サービス職の労働市場の二重構造等について明らかにしていく。

　第8章は，福祉・介護サービス職の労働力としての意識構造を取り上げている。従来から，社会福祉の世界で仕事に従事しようとしている人たちの就労意識の特徴点としては，ミッション意識やハイモラールの構造等が指摘されている。この章では，それらの問題点をふまえ，職場への定着率や勤続意向，さらに職種ごとの資格所有者の比率の動向などから「専門職としての労働市場」の形成の可能性について考察を加えている。

　第9章は，福祉・介護サービス職の定着率の低さが問題点と指摘されているが，人材確保と定着に関するいくつかの雇用管理上の工夫の可能性について言及している。少子高齢社会において必要となる人材の確保は，専門教育機関による人材の養成という方法以外に，他の労働市場からの労働力の吸引，そして入職した労働力の職場への定着率の向上という方法がある。この章では，職場への定着率の向上を図るための方法論を論じている。視点を変えるならば，それは現在の福祉・介護サービス業の経営管理，労務管理の課題の抽出ともなろう。

　終章では，本書の各章での議論をふまえ，現在の福祉・介護サービス職を取り巻く社会的経済的状況，そして福祉・介護サービス職のおかれている状況の問題点等について総括する。

　ところで，「福祉・介護マンパワー」を広義に解釈するならば，介護老人福祉施設（特別養護老人ホーム），介護老人保健施設，介護療養型医療施設といった介護保険施設などの介護職員から，非営利組織である住民参加型団体におけるサービス提供の「担い手」すなわち有償ボランティアや無償ボランティアまで広範囲の労働・活動の形態が含まれてくる。

　NPO等の非営利組織における福祉・介護サービスの「担い手」について一部言及している箇所もあるが，本書においては，主たる分析と考察の対象は介護老人福祉施設等の介護保険施設における介護職員，また介護保険制度に基づ

く各種の在宅福祉サービス，とくに，訪問介護における訪問介護員（ホームヘルパー）を取り上げている。いわゆる「ケアワーカー」である。さらに，いわゆる「ソーシャルワーカー」の分類に含まれる介護老人福祉施設等の生活相談員等についても分析・考察の対象に加えている。本書においては，広義の福祉・介護マンパワーのうち，職業として福祉・介護サービスに従事するケアワーカーやソーシャルワーカーについて，これを「福祉・介護サービス職」と総称し議論をすすめている。

第1章

少子高齢化と福祉・介護サービス

　現代日本は「少子高齢社会」である。この「少子高齢社会」という人口構造は，後述する人口の将来推計が予測する期間，つまり今後数十年間にわたり持続し，現代日本の社会構造上の重要な特性の一つであり続けるものと予想されている。

　「少子高齢社会」とは，人口構造の少子化現象と高齢化現象とが同時に進行する社会のことである。本章においては，少子化や高齢化の現状，過程，背景そして将来予測等について整理している。

1．少子高齢化の人口動向

■人口構造の変化—少子化と高齢化の同時進行—

　現代日本の人口構造の変化を特色づけるのは「人口構造の高齢化」である。表1－1に示してあるのは，1920（大正9）年の第1回国勢調査から2005（平成17）年国勢調査までの，年齢階級別の人口構造の変化である。これによると，第1回の国勢調査が実施された1920年の人口構造は「0〜14歳」の年少人口が36.5％と全人口の4割近くを占め，「65歳以上」の老年人口すなわち高齢化率はわずかに5.3％にすぎなかった。

　日本の人口構造は，1960（昭和35）年までは，年少人口が3割の水準を維持していたのであるが，それ以降，急速にその比率を低下させている。1990（平成2）年に2割の水準を下回り，2005（平成17）年には13.8％にまで低下して

いる。平成期に入って以降、人口構造における少子化現象が顕著となっているのである。

65歳以上の老年人口についてみていくと、1920（大正9）年時点では5.3％であり、第2次世界大戦をまたいで、65歳以上人口は5％前後で推移していた。それが、1960年代以降になると、老年人口の比率が増加の傾向をみせるようになる。とりわけ、1980年代以降では、急速に高齢化のスピードを上げている。2005（平成17）年には高齢化率は20.2％と、2割の水準を超えるに至っている。少子化現象と同時進行で、人口構造の高齢化がすすんでいる。

日本の人口構造は、1960年代から1970年代を分岐点にして、少子化すなわち「年少人口比率の減少」、そして高齢化つまり「老年人口比率の増加」という、人口構造上の大きな転換があり、少子化と高齢化が今日まで続いているのであ

表1-1　年齢階級別人口構造の変化

(単位：%)

	総　数	0～14歳 (年少人口)	15～64歳 (生産年齢人口)	65歳以上 (老年人口)
1920（大正9）年	100.0	36.5	58.3	5.3
1930（昭和5）年	100.0	36.6	58.7	4.8
1940（昭和15）年	100.0	36.7	58.5	4.8
1950（昭和25）年	100.0	35.4	59.6	4.9
1955（昭和30）年	100.0	33.4	61.2	5.3
1960（昭和35）年	100.0	30.2	64.1	5.7
1965（昭和40）年	100.0	25.7	68.0	6.3
1970（昭和45）年	100.0	24.0	68.9	7.1
1975（昭和50）年	100.0	24.3	67.7	7.9
1980（昭和55）年	100.0	23.5	67.4	9.1
1985（昭和60）年	100.0	21.5	68.2	10.3
1990（平成2）年	100.0	18.2	69.7	12.1
1995（平成7）年	100.0	15.9	69.5	14.6
2000（平成12）年	100.0	14.6	67.9	17.3
2005（平成17）年	100.0	13.8	66.1	20.2

出所：国立社会保障・人口問題研究所編『平成18年版　社会保障統計年報』法研，2007年

る。その結果，わが国の人口構造は，年少人口よりも老年人口が多いという，形状的にきわめて不安定な構造となっている。

■現在の人口構造

　総務省統計局によると，2005（平成17）年10月1日時点での，総人口は約1億2,777万人である。そのうち，65歳以上の老年人口は約2,567万2千人であり，総人口の20.2%を占めている。前年の2004年の高齢化率が19.5%，2000年が17.3%，そして1990年が12.1%であるから，1年間でほぼ0.5%ポイント前後ずつ高齢化率が上昇していることになる。比率としては，わずかであるが，老年人口の実数でみると，2005年は2004年に比べ約79万6千人の増加となっている。わずか1年間で，政令指定都市である千葉県千葉市（1992年4月指定，人口約93万人），静岡県浜松市（2007年4月指定，人口約81万人）あるいは新潟県新潟市（2007年4月指定，人口約81万人）に相当する人口がすべて高齢者になるといった急激な増え方で高齢化が進行していることになる。

2．少子高齢化の将来予測

■人口高齢化の将来予測

　国勢調査が実施されるごとに，そのデータをもとに人口構造の将来推計が実施されてきた。表1-2は，これまでに国立社会保障・人口問題研究所が行ってきた「日本の将来推計人口」である。最新の人口将来推計は「2006（平成18）年12月推計」であるが，それ以前の「1986年推計」，「1992年推計」，「1997年推計」そして「2002年推計」も合わせて示してある。

　最新推計である「2006年推計」によると，推計時点直後の2010年の老年人口は約2,941万人，高齢化率は23.1%となっている。その後，高齢化率はさらに急激に上昇し，2025（平成37）年には老年人口は約3,635万人，高齢化率は

表1-2　人口高齢化の将来推計―65歳以上人口（中位推計）―

(単位：千人，％)

	1986（昭和61）年12月推計		1992（平成4）年9月推計		1997（平成9）年1月推計		2002（平成14）年1月推計		2006（平成18）年12月推計	
1995（平成7）年	18,009	14.12	18,226	14.5	―	―	―	―	―	―
2000（平成12）年	21,338	16.26	21,699	17.0	21,870	17.2	―	―	―	―
2005（平成17）年	24,195	18.02	24,726	19.1	25,006	19.6	25,392	19.9	―	―
2010（平成22）年	27,104	19.96	27,746	21.3	28,126	22.0	28,735	22.5	29,412	23.1
2015（平成27）年	30,643	22.54	31,385	24.1	31,883	25.2	32,772	26.0	33,781	26.9
2020（平成32）年	31,880	23.56	32,738	25.5	33,335	26.9	34,559	27.8	35,899	29.2
2025（平成37）年	31,465	23.37	32,440	25.8	33,116	27.4	34,726	28.7	36,354	30.5
2030（平成42）年	31,001	23.12	31,994	26.0	32,768	28.0	34,770	29.6	36,670	31.8
2035（平成47）年	30,941	23.24	31,933	26.6	32,787	29.0	35,145	30.9	37,249	33.7
2040（平成52）年	31,738	24.11	32,818	28.0	33,726	31.0	36,332	33.2	38,527	36.5
2045（平成57）年	31,384	24.14	32,491	28.4	33,497	32.0	36,396	34.7	38,407	38.2
2050（平成62）年	30,281	23.53	31,416	28.2	32,454	32.3	35,863	35.7	37,641	39.6

出所：国立社会保障・人口問題研究所『日本の将来推計人口』各年の推計より

30％を超えるものと見込まれている。さらに，老年人口の増加と高齢化率の上昇は続き，老年人口は2035（平成47）年では約3,725万人となり総人口の約3分の1を占めるようである。さらに，2040（平成52）年には高齢化率は36.5％，そして2045（平成57）年には38.2％，そして2050（平成62）年には39.6％と，65歳以上の老年人口比率は総人口の4割近くを占めるものと予想されている。このように，わが国の人口高齢化は，今後も急速に進行し，高水準の高齢者人口比率となることが確実視されているのである。

ところで，表1-2に示してある5つの人口推計を比べてみると，新しい推計ほど高齢化率が上方に修正されている。たとえば，「1986年推計」と最新の「2006年推計」とを比べると，前者では高齢化率は2025年段階でも25％の水準を超えることがない。しかしながら，「2006年推計」では2015年段階で26.9％となり，2025年には30.5％と3割の水準を超えるものと推計されている。その結果，最新の推計では，前述のとおり，2050年で高齢化率は4割近くまで上昇

するものと見込んでいる。

　これまで「将来推計人口」において，5年毎の推計のたびに，結果として実績が予測を上回るという誤差が生じている。この実績と誤差とが生じた原因について厚生労働省は，主として将来の出生率の推計基礎となる生涯未婚率の上昇と初婚年齢の上昇に伴う夫婦の子ども数の減少についての見込みが不十分であったことによると説明している（村上，1999：31）。そのため，近年の推計では，生涯未婚率や初婚年齢の上昇を大きく見直した作業を行っている[1]。今後，この高齢化の推計の基礎となる生涯未婚率や初婚年齢の上昇が続くとなると，最新推計である「2006年推計」でさえも低めの数値となる可能性がある。生涯未婚率や初婚年齢に大きく影響される合計特殊出生率の動向によっては，最新推計よりも高齢化率が高めに推移し，将来の高齢化率が4割の水準を突破し5割に近づくことさえも考えられることになる。要するに，人口の半数近くが65歳以上の高齢者であるという事態さえ想定されるのである。

　65歳以上人口比率は，今後も大きく上昇することが見込まれている。日本社会は，世界史上において経験したことのない少子高齢社会へと変貌しつつある。

■わが国の高齢化の特徴—4つの特徴点—

　急速に進行しつつあるわが国の高齢化にはいくつかの特徴がある。その第1は，高齢化の進行スピードである。表1-3には，諸外国との比較において，65歳以上人口の比率の「倍加年数」（「7％→14％」になるまでの年数，「10％→20％」になるまでの年数）が示してある。「7％→14％」の倍加年数をみていくと，日本が24年間（1970年→1994年），ドイツが40年間（1932年→1972年），イギリスが47年間（1929年→1976年），アメリカが73年間（1942年→2015年），スウェーデンが85年間（1887年→1972年），そしてフランスが115年間（1864年→1979年）である。

　「10％→20％」の倍加年数については，日本は21年間（1985年→2006年），ドイツは57年間（1952年→2009年），イギリスは80年間（1946年→2026年），アメ

表1-3　人口高齢化の倍加年数—諸外国との比較—

	65歳以上人口比率（到達年次）				倍加年数(年間)	
	7％	10％	14％	20％	7％→14％	10％→20％
日　　　本	1970	1985	1994	2006	24年	21年
ド イ ツ	1932	1952	1972	2009	40年	57年
イ ギ リ ス	1929	1946	1976	2026	47年	80年
ア メ リ カ	1942	1972	2015	2036	73年	64年
スウェーデン	1887	1948	1972	2014	85年	66年
フ ラ ン ス	1864	1943	1979	2018	115年	75年

出所：国立社会保障・人口問題研究所編『平成18年版　社会保障統計年報』法研，2007年

リカは64年間（1972年→2036年），スウェーデンが66年間（1948年→2014年），そしてフランスが75年間（1943年→2018年）である。

　このように，日本社会の人口高齢化は諸外国に比べ，その進行速度がきわめて速いことがわかる。それだけ，急ピッチで高齢化に対応するための施策を展開していく必要がある。

　第2の高齢化の特徴点は，増大する老年人口のうち，とくに75歳以上の後期高齢者人口の比率の高まりが予測されていることである。総務省統計局のデータによると，1995（平成7）年の75歳以上の後期高齢者人口が総人口に占める比率は5.7％であった。これが，2000（平成12）年には7.1％，2005（平成17）年には9.0％と増加し続けている。2006（平成18）年9月時点では，「65～74歳」の前期高齢者人口は約1,432万人で総人口に対する比率は11.2％，そして「75歳以上」の後期高齢者人口は約1,208万人であり9.5％と推計している。このように，わが国の高齢化は，「後期高齢者人口による高齢化」という側面を有しているのである。この後期高齢者人口の増加が問題となるのは，加齢に伴い「寝たきり」や「認知症」等の要介護の状態となる確率が後期高齢者では高くなるからである。

　第3の特徴は，高齢化における地域間格差の存在である。表1-4には「都道府県別の高齢化率の推移」を示してある。これによると，1975（昭和50）年

表1-4　都道府県別の高齢化率の推移―65歳以上人口比率―

(単位：%)

	1975(昭和50)年	2005(平成17)年		1975(昭和50)年	2005(平成17)年
全　　国	7.9	20.1	滋　賀　県	9.3	18.1
北　海　道	6.9	21.4	京　都　府	9.0	20.0
青　森　県	7.5	22.7	大　阪　府	6.0	18.5
岩　手　県	8.5	24.5	兵　庫　県	7.9	19.8
宮　城　県	7.7	19.9	奈　良　県	8.5	19.9
秋　田　県	8.9	26.9	和歌山県	10.4	24.1
山　形　県	10.1	25.5	鳥　取　県	11.1	24.1
福　島　県	9.2	22.7	島　根　県	12.5	27.1
茨　城　県	8.4	19.4	岡　山　県	10.7	22.4
栃　木　県	8.3	19.4	広　島　県	8.9	20.9
群　馬　県	8.8	20.6	山　口　県	10.2	25.0
埼　玉　県	5.3	16.4	徳　島　県	10.7	24.4
千　葉　県	6.3	17.5	香　川　県	10.5	23.3
東　京　都	6.3	18.3	愛　媛　県	10.4	24.0
神奈川県	5.3	16.8	高　知　県	12.2	25.9
新　潟　県	9.6	23.9	福　岡　県	8.3	19.8
富　山　県	9.5	23.2	佐　賀　県	10.7	22.6
石　川　県	9.1	20.9	長　崎　県	9.5	23.6
福　井　県	10.1	22.6	熊　本　県	10.7	23.7
山　梨　県	10.2	21.9	大　分　県	10.6	24.2
長　野　県	10.7	23.8	宮　崎　県	9.5	23.5
岐　阜　県	8.6	21.0	鹿児島県	11.5	24.8
静　岡　県	7.9	20.5	沖　縄　県	7.0	16.1
愛　知　県	6.3	17.2			
三　重　県	9.9	21.5			

出所：内閣府『平成19年版　高齢社会白書』2007年

から2005（平成17）年の30年間に，全国レベルでは高齢化率は7.9％から20.1％に，約3倍近く上昇している。都道府県別では，1975年時点で，すでに高齢化率が1割の水準を超えている自治体もあれば，1割を大きく下回っている自治体もある。たとえば，高齢化率1割を超えている自治体のなかでも鳥取

県11.1%,島根県12.5%,高知県12.2%,鹿児島県11.5%の高齢化率が高水準である。反面,埼玉県5.3%,神奈川県5.3%などの自治体の高齢化率は低くなっている。同様に,2005年時点で高齢化率が20%の水準を大きく超えている自治体と,20%を下回っている自治体がある。たとえば,秋田県26.9%,山形県25.5%,島根県27.1%,山口県25.0%,高知県25.9%などは,すでに県民のうちの4人に1人が65歳以上人口ということになる。対して,高齢化率が低いのは,埼玉県16.4%,神奈川県16.8%,沖縄県16.1%である。このように,都道府県単位において高齢化率には大きな地域間格差が生じている。

さらに,高齢化率の地域間格差について市町村単位でみていこう。表1-5には,「高齢化率の高い市町村と低い市町村」を示してある。「高齢化率が高い町村」は群馬県南牧村53.4%や三重県紀和町53.4%などである。「高齢化率の高い市」は北海道夕張市が39.7%,そして北海道三笠市が38.3%などである。この2市は旧産炭地である。対して,「高齢化率の低い町村」は東京都小笠原村が8.5%,愛知県三好町が10.5%である。また,「高齢化率の低い市」は千葉

表1-5 高齢化率の高い市町村と低い市町村

(単位:%)

高齢化率の高い町村		高齢化率の低い町村	
群馬県南牧村	53.4	東京都小笠原村	8.5
三重県紀和町	53.4	愛知県三好町	10.5
福島県昭和村	52.4	愛知県長久手町	11.0
山梨県芦川村	51.8	宮城県富谷町	11.4
福島県金山町	51.8	沖縄県西原町	11.9
高齢化率の高い市		高齢化率の低い市	
北海道夕張市	39.7	千葉県浦安市	9.1
北海道三笠市	38.3	埼玉県和光市	11.9
大分県竹田市	38.0	埼玉県戸田市	12.0
石川県珠洲市	37.3	埼玉県守谷市	12.1
北海道歌志内市	36.8	滋賀県栗東市	12.2

出所:内閣府『平成19年版 高齢社会白書』2007年

県浦安市9.1％，埼玉県和光市11.9％などである。市町村レベルでみた場合，高齢化率が5割を超えている町村や，3割を超えている市があると同時に，高齢化率が1割前後の町村や市もあり，市町村レベルにおける地域間格差はきわめて大きいといえる。

さらに，集落レベルにおいては，「限界集落」[2]が全国に約3,300か所あるとされている。

そして第4の特徴が，前述したように高齢化の水準がきわめて高くなることが確実視されていることである。

■わが国の少子化の将来予測

「0～14歳」の年少人口の将来予測をしたのが表1-6である。これによると，年少人口比率の低下は今後も続き，2010（平成22）年が13.0％，2015（平成27）年が11.8％，2020（平成32）年が10.8％と減少していく。さらに，2030

表1-6　少子化の将来予測

(単位：％)

	0～14歳(年少人口)
2000（平成12）年	14.6
2005（平成17）年	13.8
2010（平成22）年	13.0
2015（平成27）年	11.8
2020（平成32）年	10.8
2025（平成37）年	10.0
2030（平成42）年	9.7
2035（平成47）年	9.5
2040（平成52）年	9.3
2045（平成57）年	9.0
2050（平成62）年	8.6

出所：国立社会保障・人口問題研究所「日本の将来推計人口（平成18年12月推計）」2006年

（平成42）年には9.7％と総人口の1割にも満たない状態となり，2050（平成62）年には8.6％にまで低下することが予測されている。

　高齢化の急速な進行と同時に，人口の少子化も急激にすすんでいる。この少子化現象は，労働市場全般における若年労働力の供給不足という問題を引き起こすことになる。労働市場全体で若年労働力の争奪が繰り広げられることが予想される。少子高齢社会において，必要とされる要介護高齢者等に福祉・介護サービスを提供する若年労働力が確保できるのであろうか。福祉・介護サービスの提供に必要な労働力を確保しなければ，「介護の社会化」の社会的役割を担う介護保険施設や訪問介護等の在宅サービス部門においても，十分なサービスの提供ができないことになる。

3．少子高齢化の人口学的背景

■生涯未婚率と初婚年齢の動向―未婚化・晩婚化―

　わが国の少子高齢化は，年少人口の減少による「少子化」，そして老年人口の増加による「高齢化」により進行している。高齢化とは，総人口に占める65歳以上の老年人口の比率の増加を意味するものである。したがって，この人口変動には，次のようなメカニズムが考えられる。すなわち，高齢化の進行は，割り算の分子の部分にあたる高齢者人口の増加が総人口の増加（減少も含め）よりも大きい場合に生じる。高齢者人口の増加の要因は，高齢者の死亡率の低下であり，この点は平均寿命と平均余命の伸長によって確認することができる。割り算の分母部分に当たる総人口の動向については，生産年齢人口ならびに年少人口の増減が大きく影響する。日本社会の場合，外国からの人口の社会増（移民等）がほとんどないために，年少人口の減少は必然的に生産年齢人口の減少を引き起こすことになる。年少人口の減少は出生率の低下を起因とし，この出生率の低下の要因としては，とりわけ女性の生涯未婚率の上昇と初婚年齢

の上昇の進行から説明することができる。

表1-7の「生涯未婚率および初婚年齢」によると，男性の場合，1970年代から生涯未婚率が上昇しはじめているが，1990年代からはさらに上昇率が強まり，2005（平成17）年では約16％となっている。おおよそ6人に1人は結婚しないことになる。女性の生涯未婚率は，1950年代半ばから1980年代半ばにかけて男性よりも高い水準にあったが，1990年代に男性に追い抜かれている。女性よりも男性の方が「未婚化」の傾向が顕著である。いずれにせよ，女性の生涯未婚率は2005（平成17）年では約7％と高水準である。

これまで，日本社会は「国民皆結婚主義」といわれていたが，このような高水準の未婚率は，それが崩壊したことを意味しよう。つまり，将来的には，配偶関係を有しない人生を過ごし，生殖家族を経ないまま老後生活にいたるライ

表1-7 生涯未婚率および初婚年齢

	男性		女性	
	生涯未婚率(%)	初婚年齢(歳)	生涯未婚率(%)	初婚年齢(歳)
1920（大正9）年	2.17	25.02	1.80	21.16
1930（昭和5）年	1.68	25.77	1.48	21.83
1940（昭和15）年	1.75	27.19	1.47	23.33
1950（昭和25）年	1.46	26.21	1.35	23.60
1955（昭和30）年	1.18	27.04	1.46	24.68
1960（昭和35）年	1.26	27.44	1.87	24.96
1965（昭和40）年	1.50	27.42	2.52	24.82
1970（昭和45）年	1.70	27.47	3.33	24.65
1975（昭和50）年	2.12	27.65	4.32	24.48
1980（昭和55）年	2.60	28.67	4.45	25.11
1985（昭和60）年	3.89	29.57	4.32	25.84
1990（平成2）年	5.57	30.35	4.33	26.87
1995（平成7）年	8.99	30.68	5.10	27.69
2000（平成12）年	12.57	30.81	5.82	28.58
2005（平成17）年	15.96	31.14	7.25	29.42

出所：国立社会保障・人口問題研究所編『人口の動向―人口統計資料集―』㈶厚生統計協会，2007年

フスタイルが，とくに男性において著しく増加することが予想される。これは，高齢化対策において新しい課題を提起することになる。子ども家族を構造的にもち得ないタイプの一人暮らしの男性高齢者が，少なからず出現することを意味するのである。

さらに，表1-7から初婚年齢の推移にみていこう。男性の初婚年齢は，第2次世界大戦以前は20歳代の半ばで推移していたが，1970年代以降は上昇基調となり，1990（平成2）年には30歳を超えている。2005（平成17）年では男性の初婚年齢は31.14歳である。女性についても，第2次世界大戦以前は20歳代の前半が平均的な初婚年齢であったのが，1970年代半ばを転換点として上昇基調となっている。2005（平成17）年時点の女性の平均的な初婚年齢は29.42歳である。

生涯未婚率や初婚年齢の動向から，「未婚化」「晩婚化」という現象をよみとることができよう。

さらに，やや詳細に，表1-8により年齢階級別の「未婚率の動向」をみていこう。男性の場合，1970年ごろまでは，30歳代前半層の未婚率は1割程度であった。その後，急速に上昇し，1990（平成2）年に3割を超え，2005（平成17）年には47.1％となっている。30歳代後半層の未婚率も急激に上昇しており，2005（平成17）年には30.0％となっている。近年の男性の「未婚化」傾向がはっきりと確認できる。女性については，20歳代前半層の未婚率は1950（昭和25）年に5割を超え，その後急速に未婚率が上昇している。2005（平成17）年時点の20歳代前半層の女性の未婚率は88.7％である。20歳代後半層の女性の未婚率は1980年代以降急速に上昇し，2005年には59.0％となっている。30歳代の前半層についても，2005年時点の未婚率は32.0％と高くなっている。つまり，男女ともに，初婚年齢が後方へシフトしており「晩婚化」傾向が確認できるのである。とくに女性の初婚年齢の上昇は，必然的に出産年齢を後方へシフトさせることになる。

女性の「未婚化」そして「晩婚化」は，女性の出産機会を減少させるととも

表1-8　未婚率の動向

(単位：％)

	男性				女性			
	20～24歳	25～29歳	30～34歳	35～39歳	20～24歳	25～29歳	30～34歳	35～39歳
1920（大正9）年	70.9	25.7	8.2	4.1	31.4	9.2	4.1	2.7
1930（昭和5）年	79.6	28.7	8.1	3.9	37.7	8.5	3.7	2.4
1950（昭和25）年	82.9	34.5	8.0	3.2	55.3	15.2	5.7	3.0
1960（昭和35）年	91.6	46.1	9.9	3.6	68.3	21.6	9.4	5.5
1970（昭和45）年	90.1	46.5	11.6	4.7	71.7	18.1	7.2	5.8
1980（昭和55）年	91.5	55.1	21.5	8.5	77.7	24.0	9.1	5.5
1985（昭和60）年	92.1	60.4	28.1	14.2	81.4	30.6	10.4	6.6
1990（平成2）年	92.2	64.4	32.6	19.0	85.0	40.2	13.9	7.5
1995（平成7）年	92.6	66.9	37.3	22.6	86.4	48.0	19.7	10.0
2000（平成12）年	92.9	69.3	42.9	25.7	87.9	54.0	26.6	13.8
2005（平成17）年	93.4	71.4	47.1	30.0	88.7	59.0	32.0	18.4

出所：国立社会保障・人口問題研究所編『人口の動向―人口統計資料集―』(財)厚生統計協会, 2007年

に出産年齢を後方へシフトさせることにより，結果として子どもの出生数の減少と出生率を引き下げる要因の一つとなろう。

■**合計特殊出生率の動向―人口置換え水準を下回る―**

表1-9には，「女性が一生の間に生む子どもの平均の数」を意味するところの「合計特殊出生率」の年次推移が示してある。これによると，第2次世界大戦前には平均的には4～5人程度出産していたのが，戦後急速に低下して1975（昭和50）年の合計特殊出生率は2を下回っている。その後も一貫して低下し続けており，2005（平成17）年の合計特殊出生率は1.26である。わが国の合計特殊出生率は，おおよそ過去30年間にわたって，いわゆる人口置き換え水準である2.08を下回っているのである。

「未婚化」そして「晩婚化」は女性の出生率を低下させる一因であり，この低水準の合計特殊出生率が人口構造の少子化現象を招いている。その結果，近

表1-9　合計特殊出生率の動向

年	合計特殊出生率
1930（昭和5）年	4.72
1940（昭和15）年	4.12
1950（昭和25）年	3.65
1955（昭和30）年	2.37
1960（昭和35）年	2.00
1965（昭和40）年	2.14
1970（昭和45）年	2.13
1975（昭和50）年	1.91
1980（昭和55）年	1.75
1985（昭和60）年	1.76
1990（平成2）年	1.54
1995（平成7）年	1.42
2000（平成12）年	1.36
2005（平成17）年	1.26

出所：国立社会保障・人口問題研究所編
『人口の動向―人口統計資料集―』
㈶厚生統計協会，2007年

い将来，日本社会は人口減少過程に入ることが確実視されることになる。「少子化」「高齢化」の人口構造の変貌に加え，「総人口の減少」という新たな社会状況のなかに突入することになる。総人口の減少がもたらす問題点のいくつかは想定が可能である。しかしながら，それが実際にはどの程度の社会的インパクトを与えるものなのか，いまのところ明らかではない。

■高齢者の平均寿命の伸長

他方，高齢化を進展させる要素である高齢者の死亡率の低下に関しては，保健・医療水準の向上による平均余命の伸長から確認することができる。表1-10の「平均余命と平均寿命」をみていくと，「0歳時の平均余命」すなわち「平均寿命」は，男性は1947（昭和22）年の50.06年から一貫して伸長し2005（平成17）年には78.56年と，30年近く伸びている。女性の場合は1947（昭和22）

表1-10　平均余命と平均寿命

(単位：年)

	男　性		女　性	
	0　歳	65　歳	0　歳	65　歳
1947（昭和22）年	50.06	10.16	53.96	12.22
1950-1952（昭和25-27）年	59.57	11.35	62.97	13.36
1955（昭和30）年	63.60	11.82	67.75	14.13
1960（昭和35）年	65.32	11.62	70.19	14.10
1965（昭和40）年	67.74	11.88	72.92	14.56
1970（昭和45）年	69.31	12.50	74.66	15.34
1975（昭和50）年	71.73	13.72	76.89	16.56
1980（昭和55）年	73.35	14.56	78.76	17.68
1985（昭和60）年	74.78	15.52	80.48	18.94
1990（平成2）年	75.92	16.22	81.90	20.03
1995（平成7）年	76.38	16.48	82.85	20.94
2000（平成12）年	77.72	17.54	84.60	22.42
2005（平成17）年	78.56	18.13	85.52	23.19

出所：厚生労働省大臣官房統計情報部「第20回　生命表[3]（完全生命表）」より

年の53.96年から2005（平成17）年の85.52年と，こちらも30年以上伸長している。このように，日本人にとって生まれてから何年間生きることができるかという「平均余命」は，第2次世界大戦後，男女ともに大幅に伸びていることがわかる。男性の平均寿命は80年近くまで，女性の場合は80年を大きく超え，まさに，「人生80年時代」ということになる。

　65歳時点の平均余命についてみていくと，1947（昭和22）年の65歳男性の平均余命は10.16年であったのが，2005（平成17）年には18.13年となっている。同じく1947（昭和22）年の65歳女性の平均余命は12.22年であったのが2005（平成17）年には23.19年となっている。65歳の高齢者にとってその後の生存可能な期間を加えた，トータルとしての人生の合計期間をみていくと，男性の場合，1947（昭和22）年は75年強であったのは，2005（平成17）年には約83年生きられることになる。つまり，平均的な数値であるが，10年近く人生が伸びている

表1-11 平均寿命の国際比較

(単位:年)

国　名	作成基礎期間	男　性	女　性
日　　　　本	2005年	78.56	85.52
カ　ナ　ダ	2002年	77.2	82.1
アメリカ合衆国	2004年	75.2	80.4
フ　ラ　ン　ス	2005年	76.8	83.8
ド　イ　ツ	2003-2005年	76.21	81.78
アイスランド	2001-2005年	78.9	82.8
イ　タ　リ　ア	2003年	77.16	82.84
イ　ギ　リ　ス	2003-2005年	76.62	80.95

出所:厚生労働省大臣官房統計情報部「第20回　生命表(完全生命表)」より

ことになる。同じく女性の場合,1947(昭和22)年は約77年であったのが,2005(平成17)年には約88年にまで伸びている。女性の場合,やはり11年間人生が伸びているのである。このようにみていくと,65歳まで生存した高齢者にとって,とりわけ女性においては「トータルの人生時間」はおおよそ90年ということになろう。ともあれ,高齢者の死亡率の低下により平均寿命が大幅に伸長している。

日本と諸外国の平均寿命の比較を,表1-11に示してある。各々の国の平均寿命の作成時点が異なるので,一概に断定的なことは言えないが,男性については,アイスランド78.9年の平均寿命がもっとも長く,次いで日本の78.56年となっている。女性は,日本の85.52年が諸外国と比べて平均寿命もっとも長くなっている。

4. 少子高齢社会における福祉・介護サービス

わが国において,少子化と高齢化が表裏一体の関係により同時進行している。少子化現象は,直接的な問題としては,産業・企業活動等の社会経済的各分野における若年労働力不足を引き起こす。産業界全体での若年労働力の供給不足

に対する不安がすでに指摘されている。また、地域社会や企業組織においては年齢構成の高齢化による、社会的あるいは組織的な活力の減退、消費動向の衰退や変質等といった問題が派生するかもしれない。

　他方で、人口の高齢化では、すでに述べたように、その進行の速さから各種の高齢化対策を早急に構築しなければならない。たとえば、公的年金保険における年金制度自体の破綻の恐れ、それを回避するための保険料率の大幅な引き上げによる被保険者の負担の増大がある。加えて、社会保険料の徴収に関する不信、それを背景の一つとした保険料未納問題等もある。また、高齢者医療費の増大による健康保険、国民健康保険等の医療保険の赤字財政問題もある。

　少子化現象に歯止めがかからない現状において、有効な少子化対策を構築することは喫緊の政策課題となる。同時に、高齢化対策も急務の課題である。わが国の高齢化の特徴点の一つは後期高齢者人口の増大にある。高齢者といっても、60歳代の高齢者の場合、全般的にいえば健康状態も良好であり、介護を要する状態になる可能性は比較的低い。しかしながら、後期高齢者となると、寝たきりや認知症といった要介護の状態になる可能性が高くなる。それゆえ、この後期高齢者人口の増大という、日本社会が受け止めざるをえない高齢化の一側面は、高齢者扶養における介護問題が大きなウエイトを占めることを意味している。要介護の高齢者を、どのような仕組みで、誰が介護するのか、従来のシステムを維持していくのか。それとも、抜本的に見直していくのかという、高齢者の介護問題への対応が迫られることになる。

　本書で取り上げている研究課題は、この要介護高齢者に対する福祉・介護サービス問題である。

　要介護高齢者の生活を支える責任主体がどこにあり、実際には誰が、どのようにしてサービスを提供するのか。要介護高齢者の扶養とりわけ介護については、子ども家族の責任の領域であるという考え方が根強くある。この考え方それ自体を全面的に否定するものではないが、介護保険制度は「介護の社会化」を標榜し、要介護高齢者の介護に関する責任を社会的に担う制度としてスター

トした。そこで問題となるのは，福祉・介護サービスの領域において必要となる労働力資源を，どのようにして確保するのか。あるいは，経済社会全体のなかで，どのような産業分野にどのような労働力を配分することが望ましいのか。労働力とくに若年労働力の社会的配分においては地域間，産業間そして職種間の競合という解決すべき課題が登場してくる。

　高齢化の要因である少子化は，一方でその結果として高齢化現象を引き起こしつつ介護問題の解決を現代社会に求めている。他方，少子化は若年労働力不足によって社会経済活動に対して労働力の供給減を強いることになる。問題なのは，福祉・介護サービスの領域が労働力不足とくに若年労働力不足という労働力供給制約下において，福祉・介護サービスの提供に必要な人的資源を十全に確保できるのかどうかということである。本書の研究テーマの中心はここにある。

注

1) 人口将来推計（中位推計）の推計基本値である生涯未婚率や初婚年齢は，これまでに次のように設定されてきた。「1992年推計」では，平均初婚年齢は27.2歳，生涯未婚率は11.0％まで上昇し一定。「1997年推計」では，平均初婚年齢は27.4歳，生涯未婚率は13.8％まで上昇し一定。「2002年推計」では，平均初婚年齢は27.8歳，生涯未婚率は16.8％を見込んでいた。そして「2006年推計」は平均初婚年齢を28.2歳，生涯未婚率を23.5％に設定している。
2) 限界集落とは，山村や漁村など集落単位で65歳以上の高齢者が半数を超え，冠婚葬祭などができずに共同体の維持が限界に近づいている集落のこと。全国に3,256か所あるとされ，1999年から7年間で191の集落が消滅している。
3) 生命表とは，ある期間における死亡状況（年齢別死亡率）が今後変化しないと仮定したときに，各年齢の者が1年以内に死亡する確率や平均してあと何年生きられるかという期待値などを死亡率や平均余命などの指標（生命関数）によって表わしたもの。0歳の平均余命を「平均寿命」という。

第2章

高齢者介護の現状と問題

　本章は，高齢者介護の現状を明らかにするために，寝たきりや認知症等の要介護高齢者の介護実態，なかでも子ども家族による居宅介護の現状を統計的データから明らかにしていく。また，家族介護の負担問題が背景の一因である高齢者に対する虐待の状況についても論じていく。

　要介護高齢者に対する家族介護の困難さ，あるいは負担はきわめて大きい。その対応策として介護保険制度が設けられ，「介護の社会化」が政策的にすすめられている。少子高齢社会における福祉・介護サービスが量的にどの程度必要になるかは，今後の要介護高齢者の増え方にも大きく左右される。本章では，要介護高齢者の将来的な増加に起因する福祉・介護サービス需要の増大についても触れておきたい。

1．高齢者の心身の状況と介護の場

■高齢者の心身の状況―要介護状態になりやすい後期高齢者―

　人間は，出生後しばらくの間，親などの他者に依存した生活を続ける。誕生してから数年後に，衣食等の面で自立的な生活が可能になる。その後，年齢を重ね老年期にいたり，再び，他者からのさまざまな援助が必要な状態となる確率が高まってくる。この理由には，もちろん生理的な老化現象という，人間にとって不可避な側面が含まれているのであるが，何らかの病気や障害によっても援助が必要とされることがある。

老年期において，他者からの援助が必要とされる状況は，有訴者率や受療率の動向から把握することができる。

厚生労働省の国民生活基礎調査（2004（平成16）年版）によると，65歳以上高齢者の有訴者率（病気や怪我などの自覚症状を訴える者の比率：人口千人当たり）は493.1である。年齢階級別では，「65～74歳」の男性が427.0，女性が493.1である。「75～84歳」の男性は514.0，女性は552.9である。「85歳以上」の男性では538.4，そして女性は525.3となっている。有訴者率の年齢階級による増加傾向は男性高齢者に顕著であり，年齢の上昇とともにその比率も高まっている。女性の場合は，年齢の上昇と有訴者率は必ずしも連動していないようである。

有訴者のうち「日常生活に影響のある者」の比率は，「65歳以上の者総数」で246.1であり，「65～74歳」男性は185.4，女性は194.3，「74～84歳」男性は280.1，女性は308.3，そして「85歳以上」男性は399.8，女性は424.6と，年齢とともに確実に高まっている。

有訴者率は主観的な評価である。病気や怪我などの面で何らかの自覚症状があったとしても，すべての高齢者がただちに日常生活に支障が生じているということではない。しかしながら，年齢の上昇とともに「日常生活に影響がある」とする高齢者は増加する傾向にある。

同じく厚生労働省の患者調査（2005（平成17）年）によると，受療率（人口対10万人当たりの推計患者数）は，65歳以上男性で入院が3,476，外来が11,297である。これは，65歳以上の男性高齢者のうちのおおよそ3.5％が入院し，おおよそ11.3％が通院していることを意味する。65歳以上の女性高齢者の場合は，入院が3,759，通院が12,427であり，やや女性の方が受療率は高くなっている。また，年齢階級別には，「65～74歳」男性の入院は2,456，「75歳以上」男性の入院は5,042である。「65～74歳」女性の入院は1,816，「75歳以上」女性の入院は5,748である。外来に関しては，「65～74歳」男性が10,094，「75歳以上」男性が13,144，「65～74歳」女性は11,817，「75歳以上」女性は

13,051となっている。前期高齢者よりも，後期高齢者の方が男女ともに明らかに受療率は高い。

65歳以上の高齢者のすべてが，同じような確率で要介護の状態になるわけではない。また，60歳代や70歳代前半では，病気や怪我により寝たきりや認知症等の要介護の状態となる比率はそれほど多くはない。75歳以上の後期高齢者になると，「日常生活に影響がある」とする有訴者率，そして受療率が高まってくる。それだけ，要介護状態となる可能性が高まってくることになろう。人口高齢化の推計では，後期高齢者人口の増加が見込まれている。要介護高齢者の介護問題が大きな政策的課題であることを，われわれに再認識させることになる。

■居宅中心の高齢者介護

要介護等の高齢者が，「居宅―施設」のいずれにおいて介護サービスを受けているのかを示したのが表2-1である。このデータは，介護保険制度の各種居宅サービス受給者数と施設サービス受給者数の比率である。留意いただきたいのは，居宅サービスのなかには，特定施設入居者生活介護のように有料老人ホームでの介護サービスが含まれていること，また，寝たきりや認知症であっても介護保険制度の各種サービスを利用していない高齢者もいることである。

表2-1によると，年々，居宅サービス受給者の比率が増えている。つまり，要介護高齢者の多くは居宅で介護サービスを受けているのであり，今後もその傾向が持続することが見込まれるのである。

かつて，特別養護老人ホームや老人保健施設などの介護関係施設は，都市中心部から遠く離れた山間部や都市部郊外の田園地帯のなかに設置されていた。それが，近年は都市中心部や住宅地等にも建設され，われわれの日常的な生活圏のなかに立地するようになってきた。そのことも手伝ってか，印象的には，要介護状態になると，高齢者の多くが介護関係施設に入所し介護サービスを提供されているものと思いがちである。しかしながら，実際には，表2-1にみ

表2-1 要介護高齢者が介護されている場所

	居宅サービス受給者	施設サービス受給者
2000（平成12）年度	67.2%	32.8%
2001（平成13）年度	69.9%	30.1%
2002（平成14）年度	72.4%	27.6%
2003（平成15）年度	74.5%	25.5%
2004（平成16）年度	75.9%	24.1%
2005（平成17）年度	76.7%	23.3%

注：要介護高齢者には，要介護と要支援の高齢者が双方含まれる。
出所：厚生労働省『介護保険事業状況報告』各年度の平均

るように，高齢者自身の居宅において介護サービスを利用する方が多くなっている。これには，介護保険制度の「居宅中心に」という施策方針もあるが，特別養護老人ホーム等の設置には巨額な費用を要すること，そして施設増設以上に高齢化が急速に進行しているため，需要に対して供給が追いつかないという事情があろう。

ともあれ，居宅サービス受給者の比率は年々その比率を上昇させている。今後も，高齢者の介護の場は居宅中心ということになろう。

今後も増加が見込まれる要介護高齢者は，どこで介護サービスの提供を受けるのか。その決定因の1つは，子ども家族と高齢者の同別居の比率が深く関連することは自明のことであろう。2つは，子ども家族と別居しても，高齢者が居宅で自立的な生活が可能となるような介護サービスが，十分に用意されるのかによっても大きく影響される。さらに，介護保険制度のもとで要介護高齢者の入所を受け入れる介護保険施設が，どの程度供給されるのかとも深く関連している。つまり，介護される場所が居宅になるのか，それとも施設での介護となるのかは，子ども家族との同別居だけではなく，社会的介護のためのサービスがどの程度用意されるのかによっても大きく左右されることになる。

後述するように，家族形態の変化や高齢者に対する扶養・介護意識の変化か

ら，居宅での家族介護を成立させる条件はますます困難となっていくものと思われる。ただ，これがストレートに，介護保険施設での社会的介護には結びつかない。なぜならば，増大が予想される要介護高齢者数に対して，十分なベッド数の介護保険施設を用意するのが難しいからである。要介護状態となった高齢者の多くは，必然的に居宅での生活を余儀なくされる。にもかかわらず，子ども家族による介護の提供は多くは見込めないという状況に陥ることになる。

　これを解消する方策の1つは，子ども家族による居宅介護を積極的に推進する。2つは，家族介護に依存しない訪問介護員等の社会的介護サービスを充実する。そして3つが，介護保険施設の供給量を大幅に増やす，といった選択肢が考えられる。第1の選択肢が，今日の家族の動向から採用できないとすれば，第2の居宅サービスの大幅な拡充と第3の介護施設サービスの供給量を大きく増やす必要がある。施設の整備に時間と費用が要するのであれば，今後は，居宅サービスの供給に力を入れるのが，合理的な選択となってくる。それを可能にするには，居宅サービスを担う訪問介護員等の福祉・介護サービス職の確保が前提となる。

2．居宅における家族介護の実態

■要介護高齢者の家族形態—高齢者核家族による家族介護—

　居宅における要介護高齢者の家族介護の実相について，国民生活基礎調査[1]のデータから把握していこう。

　はじめに，居宅で介護されている要介護高齢者の家族形態からみていこう。表2-2には，要介護高齢者のいる世帯の類型別の比率が示されている。このデータには，介護保険制度がサービス提供の対象としている65歳未満で40歳以上の者が含まれ，また要介護区分[2]である「要支援者」と「要介護者」についても含んだ世帯構造別の比率として示されている。

表2-2　要介護高齢者のいる世帯

(単位：％)

	総　数	単独世帯	核家族世帯	(再掲)夫婦のみの世帯	三世代世帯	その他の世帯
総　　　数	100.0	20.2	30.4	19.5	29.4	20.0
要支援者のいる世帯	100.0	36.8	26.4	18.5	23.2	13.5
要介護者のいる世帯	100.0	16.4	31.2	19.8	30.9	21.6
要　介　護　1	100.0	25.2	29.8	18.0	26.6	18.4
要　介　護　2	100.0	15.0	32.8	23.8	30.3	21.8
要　介　護　3	100.0	10.1	31.2	18.5	34.1	24.5
要　介　護　4	100.0	7.2	31.6	20.4	34.5	26.8
要　介　護　5	100.0	2.0	32.7	19.8	41.4	23.9

注：「要介護高齢者」は，国民生活基礎調査では「介護を要する者」と表記され，介護保険法の要支援または要介護と認定された者。介護保険法が適用される40歳から65歳未満の第2号被保険者も含まれている。
出所：厚生労働省『平成16年　国民生活基礎調査』㈶厚生統計協会　2006年

　要介護高齢者の総数では，単独世帯が20.2％であり，核家族世帯に属しているのは30.4％である。三世代世帯は29.4％にとどまっている。要介護高齢者の居宅介護は，単独世帯や夫婦のみの世帯といった高齢者核家族の形態が約5割程度を占めている。居宅の要介護高齢者といっても，そのすべてが必ずしも子ども世代による家族介護を受けているわけではないのである。

　要介護高齢者の「要介護の状態」から家族形態の相違をみていくと，要支援者において単独世帯が36.8％と多く，要介護者では単独世帯は16.4％と少ない。他者からの支援を必要とする度合いが要支援者の方が低いため，当然の結果である。しかしながら，問題として指摘しておきたいのは，要介護3，要介護4，要介護5の高齢者であっても，単独世帯を形成する高齢者が一定比率いることである。また，夫婦のみの世帯についても，要介護3が18.5％，要介護4が20.4％，要介護5が19.8％となっている。単独世帯といっても，そのすべてが「一人暮らし」というわけではない。しかしながら，なかには重度の要介護の状態にありながら，「一人暮らし」の要介護高齢者がいることが考えられる。

また，夫婦のみの世帯では介護役割の代替者がいない状態で居宅介護が行われていることが少なくないであろう。高齢者核家族における家族介護は，家族員に対してきわめて大きな介護負担を背負わせているのである。

ともあれ，居宅における家族介護においては，同居形態を前提にした子ども世代による介護役割の遂行という「介護の構図」はもはや支配的ではなくなってきているのである。

次に，表2-3により，年齢階級別に要介護高齢者の世帯構造つまり家族形態についてみていこう。要介護高齢者（40歳から64歳までの者を含む）を含む核家族世帯の比率は，65歳以上全体では28.5%であるが，年齢階級が高くなるにしたがってその比率は急速に低下している。単独世帯の要介護高齢者の比率は「40～64歳」から「80～84歳」までは増加しているが，「85～89歳」以降では低下している。「90歳以上」では単独世帯は10.7%と低い。単独世帯と核家族世帯の合計した高齢者核家族の比率は，「40～64歳」では約8割であるが，要介護高齢者の年齢の上昇とともに一貫して比率は減少し，「90歳以上」では2割強にとどまっている。また，夫婦のみの世帯についても，「65～69歳」の

表2-3 要介護高齢者の年齢階級別にみた世帯構造

（単位：%）

	総数	単独世帯	核家族世帯	(再掲)夫婦のみの世帯	三世代世帯	その他の世帯
総数	100.0	20.2	30.4	19.5	29.4	20.0
40～64歳	100.0	14.1	65.1	25.8	11.9	8.9
65～69歳	100.0	15.6	61.7	39.7	16.0	6.7
70～74歳	100.0	21.1	48.5	36.0	20.7	9.7
75～79歳	100.0	24.7	34.4	25.1	27.0	13.8
80～84歳	100.0	27.1	26.9	17.5	30.5	15.6
85～89歳	100.0	17.5	17.4	10.7	36.0	29.1
90歳以上	100.0	10.7	11.2	5.7	39.2	38.9
（再掲）65歳以上	100.0	20.5	28.5	19.2	30.4	20.7

出所：表2-2と同じ

39.7％をピークに，それ以降は急速に比率が低下している。このように，要介護高齢者の家族形態では，高齢者核家族の比率は年齢階級の高まりとともに低下し，反対に，三世代世帯といった子ども家族との同居家族の形態の比率が上昇している。「三世代世帯」は「65～69歳」で16.0％であったのが，「90歳以上」では39.2％にまで増えているのである。

　要介護高齢者の家族形態を年齢階級からみていくと，要介護高齢者が80歳ぐらいまでは子ども家族と同居しない高齢者核家族の比率が多く，要介護高齢者の年齢が80歳を超えてくると子ども家族との同居形態が増えてくるのである。

　要介護高齢者の居宅介護においては，要介護高齢者が80歳ごろまでは家族介護といってもその半数程度は配偶者間介護によって成り立っているものと推測される。前述したように，家族介護イコール子ども家族による介護役割の遂行ということではないのである。今後，注視されるべきは，老年期の前半段階で多くみられる配偶者間における介護関係が，老年期の後半部分にまで移行していくのか。それとも，老年期の後半部分においては，子ども家族による世代間介護がこのまま維持されていくのかということである。

　要するに，要介護高齢者の居宅介護は，配偶者間介護が支配的になっていくのか，それとも子ども家族による世代間介護が持続していくのか否か，今後の研究課題となろう。

■居宅介護における家族介護者の実態―家族介護者における男性の増加―

　居宅介護における介護者について，要介護高齢者との続柄を示したのが表2-4である。家族介護者の続柄を「同居」と「同居以外」とでみていくと，同居している介護者は66.1％と全体の約3分の2である。「同居以外」では「別居の家族等」は8.7％にとどまり，「事業者」が13.6％となっている。要介護高齢者の居宅介護では，同居形態の高齢者以外については，別居家族等の親族による介護よりも，福祉・介護サービスを提供する事業者の果たす役割が大きくなっているのである。別の見方をすれば，介護を要する状態にあったとしても，

表2-4 主な介護者の要介護高齢者との続柄

総　　　　数	100.0%
同　　　　居	66.1%
配　偶　者	24.7%
子　の　配　偶　者	20.3%
子	18.8%
父　　　母	0.6%
その他の親族	1.7%
同　居　以　外	33.9%
別居の家族等	8.7%
事　業　者	13.6%
そ　の　他	6.0%
不　　　詳	5.6%

出所：表2-2と同じ

その程度や条件によっては，福祉・介護サービス事業者が提供する各種サービスの利用により居宅での生活継続が一定程度は可能であり，これを選択する傾向がみられるのである。

同居している家族介護者の続柄であるが，配偶者が24.7%と半分近くを占め，次いで子の配偶者が20.3%，子が18.8%となっている。

次いで，要介護高齢者と同居している主な家族介護者の年齢構成を示したのが表2-5である。

家族介護者の男女の分布では，男性が25.1%，女性が74.9%である。居宅での家族介護は女性によって主要な役割が担われている。しかしながら，要介護高齢者の年齢階級によって，性別の主な家族介護者の比率は異なる。要介護高齢者が「65〜69歳」では男性介護者が39.9%，「70〜74歳」でも3割台を維持し，一定程度の比率を占めている。要介護高齢者の年齢が高まるにしたがって女性介護者の比率が上昇し，男性介護者は介護役割から退く傾向がみられるのであるが，要介護高齢者の年齢が比較的低い段階では，男性が一定の介護役割を担っているのである。

表2-5 要介護高齢者の同居の主たる介護者の年齢構成

(単位：%)

同居の主な介護者の性・年齢階級		要介護高齢者の年齢階級					
		総　数	65～69歳	70～79歳	80～89歳	90歳以上	(再掲)65歳以上
総　数		100.0	100.0	100.0	100.0	100.0	100.0
男性	計	25.1	39.9	31.4	21.6	14.8	24.5
	40歳未満	1.0	2.2	1.4	0.9	－	1.0
	40～49歳	2.4	4.5	3.3	2.4	0.4	2.4
	50～59歳	5.9	1.8	4.9	7.6	3.3	5.6
	60～69歳	6.3	16.1	2.2	5.3	8.0	5.6
	70～79歳	6.2	13.3	14.4	1.4	2.6	6.4
	80歳以上	3.3	0.7	5.4	3.9	0.5	3.5
	(再掲)65歳以上	12.1	27.5	21.6	6.2	6.8	12.4
女性	計	74.9	60.1	68.6	78.4	85.2	75.5
	40歳未満	2.6	2.6	3.7	1.6	0.3	2.1
	40～49歳	9.9	7.6	15.1	10.7	2.5	10.3
	50～59歳	22.5	4.6	11.4	30.5	28.6	22.7
	60～69歳	21.1	38.4	13.7	16.1	39.7	21.1
	70～79歳	13.5	4.9	23.7	10.5	9.2	14.0
	80歳以上	5.2	2.0	1.0	8.9	4.9	5.3
	(再掲)65歳以上	27.9	29.1	36.4	22.6	30.8	28.7

出所：表2-2と同じ

　男性介護者の年齢階級では，「50～59歳」が5.9%，「60～69歳」が6.3%，「70～79歳」が6.2%である。要介護高齢者の年齢階級別からは，要介護高齢者が「65～69歳」では，男性介護者は「60～69歳」(16.1%)と「70～79歳」(13.3%)に多く，要介護高齢者が「70～79歳」では，男性介護者は「70～79歳」(14.4%)に多くなっている。とはいっても，家族介護全般からすると，それほど大きな比率を占めるというものではない。

　女性介護者の年齢階級別の分布では，「50～59歳」が22.5%，「60～69歳」が21.1%と相対的に高い比率を占める。50歳代と60歳代の中高年・高齢女性が家

族介護者全体の4割強を占めている。しかし，70歳を超えると，女性介護者の比率が低下する傾向にある。家族介護は女性が主たる役割を担っているとはいっても，70歳以上の年齢になると介護役割から退く傾向がみられるのである。

要介護高齢者の年齢階級からは，要介護高齢者が「65～69歳」では，女性介護者は「60～69歳」が38.4％と60歳代に集中している。要介護高齢者が「70～79歳」では，女性介護者の年齢層は幅広く分散している。これが，要介護高齢者「80～89歳」では，女性介護者は「50～59歳」が30.5％と多くなり，さらに要介護高齢者が「90歳以上」では，女性介護者は「50～59歳」が28.6％，「60～69歳」が39.7％と50歳代と60歳代に集中するようになる。

女性介護者と要介護高齢者の年齢関係の視点でみていくと，要介護高齢者が60歳代後半では配偶者間介護が多く，70歳代は配偶者間介護と世代間介護が拮抗した状態にあり，要介護高齢者の年齢が80歳を超えてくると世代間介護の占めるウエイトが高まっているものと推測される。

ところで，80歳以上の女性介護者が介護役割についているという比率はそれほど高いものではない。しかしながら，「80歳以上」の女性介護者は総数で5.2％だが，「80～89歳」の要介護高齢者を介護するのは8.9％，「90歳以上」の要介護高齢者を介護しているのは4.9％であることを看過してはならないだろう。比率としては低くとも，介護者の年齢からして，その心身の介護負担にはきわめて大きいものがあろう。まさに「老老介護」である。

次に，要介護高齢者の性・年齢階級と介護者の性・続柄との関係から，家族介護の実態をみていこう。

表2－6は，男性の要介護高齢者について示してある。「男性の要介護高齢者―男性介護者」の組み合わせからみていこう。「男性要介護高齢者と男性介護者」の組み合わせは，総数ではわずかに8.0％である。男性介護者の続柄のほとんどは「子」すなわち息子である。居宅における家族介護において「男性要介護高齢者と男性介護者」の組み合わせの大部分は，「息子による家族介護」ということになろう。男性の要介護高齢者が「90歳以上」では男性介護者

21.7%となっていて,その多くは息子である。

　男性要介護高齢者に対する介護者の大部分は女性（92.0%）である。「男性要介護高齢者―女性介護者」の組み合わせでみていくと,そのなかでもっとも高い比率を占めるのは「配偶者」つまり妻であり,総数では68.9%を占めている。男性要介護高齢者が「65～69歳」で90.1%,「70～79歳」で85.7%である。ただ,男性要介護高齢者「80歳以上」では配偶者つまり妻が60.6%と高率であるが,「子の配偶者」つまり嫁が22.0%であり,そして「90歳以上」では嫁が44.6%と増えている。男性要介護高齢者に対する介護関係では,男性要介護高齢者が60歳代や70歳代の前期老年期の段階では,女性介護者として妻が圧倒的にその介護役割を担っているのであるが,80歳代以降の後期老年期ではその比率が低下し,「90歳以上」では2割程度にまで少なくなる。反面,女性の「子

表2－6　要介護高齢者(男性)の性・年齢階級別にみた主な介護者の性・続柄

（単位：%）

同居の主な介護者の性・年齢階級		要介護高齢者の年齢階級					
		総　数	65～69歳	70～79歳	80～89歳	90歳以上	(再掲)65歳以上
総　数		100.0	100.0	100.0	100.0	100.0	100.0
男性	計	8.0	2.6	4.2	9.8	21.7	8.4
	配偶者	―	―	―	―	―	―
	子	7.3	2.6	4.0	9.1	21.1	8.0
	子の配偶者	0.1	―	0.1	0.1	0.7	0.2
	父母	0.3	―	―	―	―	―
	その他の親族	0.3	―	0.1	0.6	―	0.3
女性	計	92.0	97.4	95.8	90.2	78.2	91.6
	配偶者	68.9	90.1	85.7	60.6	22.4	―
	子	5.8	2.7	4.0	7.3	10.5	6.0
	子の配偶者	15.0	0.8	5.6	22.0	44.6	16.4
	父母	1.5	0.3	―	―	―	0.0
	その他の親族	0.9	3.5	0.4	0.3	0.8	0.7

出所：表2－2と同じ

の配偶者」つまり嫁が44.6%と高い比率を占めるようになる。むしろ，後期老年期になると，嫁によって男性要介護高齢者の家族介護が担われるようになる。前述したように，要介護高齢者の年齢80歳ごろを分岐点として，配偶者間介護から世代間介護へと家族介護の基軸は変更されていることになる。「妻から嫁」への介護役割の移行が行われているのである。とはいっても，高齢の妻介護者が介護役割から全面的に撤退しているというわけではない。依然として，男性要介護高齢者つまり夫に対する介護役割の一定部分を担っていることに変わりはない。なお，男性要介護高齢者に対しては，女性介護者である「子」つまり娘は総数全体でみてもわずかに5.8%にすぎない。要介護高齢者となった父親に対する介護について，娘介護者はそれほど大きな役割を担っていないとみることもできる。ただし，女性介護者のうち「子の配偶者」としては，とくに90歳以上の後期老年期にある男性要介護者にとっては，嫁が主要な介護の担い手となっている。

　次に，表2-7から，女性の要介護高齢者について，「女性要介護高齢者と男性介護者」の組み合わせからみていこう。総数では，男性介護者は34.9%と約3分の1を占めている。女性介護者は65.1%と約3分の2である。要介護高齢者が女性の場合，家族介護において男性介護者が役割を担う比率は，要介護高齢者が男性であるケースよりも高くなっている。男性介護者では「配偶者」つまり夫が19.5%と多く，次いで「子」つまり息子が14.0%である。女性要介護高齢者に対する男性介護者のほとんどは夫もしくは息子ということになる。女性要介護高齢者が「65～69歳」では男性介護者は80.3%，「70～79歳」では52.4%と男性介護者の占めるウエイトは大きい。介護者の続柄としては，女性要介護高齢者が「65～69歳」では「配偶者」つまり夫は69.1%と大半を占め，「70～79歳」でも38.0%と多いが，女性要介護高齢者の年齢の上昇とともに，その比率は低下している。反面，介護者である「子」つまり息子の比率が高まってくる。やはり，女性要介護高齢者に対する男性介護者について，80歳ごろを分岐点に，配偶者間介護から世代間介護へと家族介護の基軸は変更してい

表2-7 要介護者(女性)の性・年齢階級別にみた主な介護者の性・続柄

(単位:%)

同居の主な介護者の性・年齢階級		要介護高齢者の年齢階級					
		総数	65~69歳	70~79歳	80~89歳	90歳以上	(再掲)65歳以上
総数		100.0	100.0	100.0	100.0	100.0	100.0
男性	計	34.9	80.3	52.4	27.0	12.8	33.2
	配偶者	19.5	69.1	38.0	8.0	0.6	17.3
	子	14.0	10.6	13.3	17.2	11.0	14.5
	子の配偶者	0.8	-	0.8	1.0	0.9	0.9
	父母	-	-	-	-	-	-
	その他の親族	0.5	0.5	0.3	0.9	0.2	0.6
女性	計	65.1	19.7	47.6	73.0	87.2	66.8
	配偶者	-	-	-	-	-	-
	子	23.3	9.1	21.4	23.6	28.8	23.5
	子の配偶者	38.6	8.3	23.1	46.3	55.6	40.3
	父母	0.4	-	-	-	-	-
	その他の親族	2.9	2.3	3.1	3.0	2.8	3.0

出所:表2-2と同じ

るようである。いずれにせよ,60歳代や70歳代の妻が要介護者となった場合,夫は介護者として大きな役割を担っているのである。

「女性要介護高齢者—女性介護者」の組み合わせでみていくと,総数では女性介護者の「子」つまり娘が23.3%であり,女性介護者の「子の配偶者」つまり嫁が38.6%である。女性要介護高齢者に対しては,未だに実の娘よりも義理関係にある嫁の方が,より多く介護役割を担っているのである。女性要介護高齢者が80歳代や90歳以上になると,女性介護者の比率が高くなるが,そのなかでは,娘よりも嫁の比率の方が約2倍となっている。その意味では,女性要介護高齢者と女性介護者の関係においては,「昔ながらの介護の構図」が維持されているといえよう。ただ,女性要介護高齢者が「65~69歳」では女性介護者

の娘や嫁よりも，男性介護者である夫の方が介護役割を担う比率が高い。「70～79歳」の女性要介護高齢者に関しても，介護者としての夫は約4割を占めている。妻が要介護者である場合，夫は介護者として比較的大きな役割を担っているようである。

このように，要介護高齢者に対する家族介護の状況をみていくと，全般的には女性介護者が多いのであり，その点では「昔ながらの介護の構図」が持続しているようにみることができる。また，要介護高齢者の年齢が高まるにしたがって介護者の性別は女性の方が多くなってくる。

しかしながら，高齢者家族の核家族化は，家族介護における介護役割の担い方に大きな変化をもたらしている。その一つは，要介護高齢者が60歳代や70歳代の段階では，夫婦間での相互の介護関係すなわち配偶者間介護が相対的に成り立つケースが多いようである。要介護高齢者が80歳ごろを分岐点に世代間介護のケースが増えてくるのである。

なお，要介護高齢者が「65～69歳」の年齢階級では，夫が要介護者である妻は約9割が介護役割を担っている。そして，妻が要介護者の夫は約7割が介護者となっている。60歳代後半の要介護高齢者と介護者の間では，配偶者間介護は「互恵関係に近い」といえよう。ただし，全体的にみた場合，必ずしもそうとはいえない。なぜならば，夫が要介護者となった妻は7割が介護者となっているが，妻が要介護者では夫の介護者は2割にとどまっているからである。「配偶者間介護」は高齢者全般でみた場合，「不完全な互恵関係」ということになろう。

いずれにせよ，居宅介護における家族介護は子ども世代による介護役割が支配的であるといったイメージを払拭する必要がある。子ども家族とりわけ嫁による「昔ながらの介護の構図」は解体しつつあるといえよう。

3. 居宅介護における家族介護者負担

■家族による介護行動の特徴

　要介護の高齢者にとって，居宅での家族介護の最大のメリットは，「家族という特定の人間関係のなかで，甘えやわがままを許されながら世話を受けることの安らぎと心地よさ」（庄司，1993：194）であろう。介護行為それ自体についていえば，介護老人福祉施設や介護老人保健施設等の介護保険施設の介護職員や一定の養成研修を経た訪問介護員の方が，家族員よりも高い水準のサービスを提供することができるであろう。それでも，多くの高齢者が家族介護を求めているのは，慣れ親しんだ自分の住まいのなかで，配偶者や子どもなどの家族に介護されることの「安らぎと心地よさ」を求めているからであろう。

　だが，それは同時に介護者に多大な負担を求めることになる。

　家族による介護行動の特徴は，次のようにまとめることができる。第1が，排泄・入浴・衣服の着脱・食事の介助などで，相当の手数と時間が必要なことである。たとえば，特別な調理が必要な食事もあるし，入浴介助ではかなりの身体的な負荷がついてまわる。福祉用具によって労力を幾分かは軽減することはできても，全面的に代替することはできない。第2に，介護行動は実際には単純な「作業」の繰り返しであり，単調さからくるストレスが伴いがちな行為の連続である。人間の日々の生活は，毎日，毎朝，毎晩，同じことを繰り返す。家族介護は，要介護高齢者を見守りつつ，毎日，同じような介護行動をとり続けることになる。第3に，要介護高齢者を常時観察する必要があり，間欠的行動であること。つまり，一つひとつの介護行動はそれほど長時間を要しないにしても，「目を離せない」ために，結果として付きっきりの状態になる可能性がある。第4に，介護の終了時点の見通しが不透明な点である。乳幼児の世話の場合，1年経過すれば直立しての歩行が可能となり，言語での親とのコミュ

ニケーションができるようになる。排泄の世話も，確実に減少する。誕生後6年を経れば小学校に入学し，昼間の親の自由な時間の確保が見通せる。それに対して，高齢者介護は時間が経過することによって，多くの場合，要介護状態は基本的には悪化する。それが，いつの時点で終了するのか予測することは難しい。その結果，心身ともに介護者の自由を束縛し，疲れさせてしまいがちである。

■家族介護者の介護負担感

表2-8は，要介護高齢者と同居する主な介護者の介護時間の分布を要介護度の状態別に示したものである。これによると，総数全体では，「同居の主な介護者」の介護時間は「ほとんど終日」が21.6％，「半日程度」が7.9％，「2～3時間程度」が9.9％である。「必要なときに手をかす程度」は44.7％と半数近くを占めている。しかしながら，要介護度が高くなるにしたがって「ほとんど終日」や「半日程度」の比率が高まっていく。「要介護3」の場合は「ほとんど終日」は32.5％，「半日程度」は11.6％である。「要介護4」では「ほとんど終日」は44.5％，「半日程度」は14.6％である。そして，「要介護5」になる

表2-8 要介護高齢者の要介護度別の同居の主な介護者の介護時間

(単位：％)

		ほとんど終日	半日程度	2～3時間程度	必要なときに手をかす程度	その他	不詳
総数	100.0	21.6	7.9	9.9	44.7	8.0	7.9
要支援者	100.0	3.8	2.7	4.6	66.4	14.4	8.0
要介護1	100.0	7.9	4.9	11.2	60.1	9.8	6.1
要介護2	100.0	24.6	6.9	11.8	45.5	4.5	6.7
要介護3	100.0	32.5	11.6	12.9	29.7	6.0	7.3
要介護4	100.0	44.5	14.6	9.9	17.7	4.4	8.8
要介護5	100.0	50.4	16.2	8.1	6.0	6.4	12.8

出所：表2-2と同じ

と「ほとんど終日」は50.4％,「半日程度」は16.2％となっている。

　要介護度が高い高齢者の介護者は，要介護高齢者を見守りつつ介護するために，まさに居宅に拘束されたような状態となる。

　居宅における家族による高齢者介護は，要介護高齢者の生活自立能力が低下するにしたがって，家族介護者が介護役割を遂行するためにかけなければならない時間が長くなる。

　要介護高齢者が認知症であり，身体的能力面で移動能力がある場合など，「目を離せない状態」となる。居宅における家族介護は，介護者をして，その生活全般が支配されるような感覚を与えることになるのではないだろうか。介護による身体的疲労や睡眠不足，そして健康不安等に加え，とりわけ介護による拘束感や閉塞感が精神的疲労やストレスを高めているのではないだろうか。さらに加えて，介護者にとって，介護役割の受け入れが「自由意思に基づく選択ではなく，献身と自己犠牲」（大本，1996：284）の上に成り立ち，介護への社会的評価が十分ではないとすれば，介護負担感は，ますます大きくなるであろう。

　要介護高齢者に対する介護場面は，現状では，居宅介護が主流である。高齢者にとっては，慣れ親しんだ居宅で配偶者や子ども家族により介護されることは，その精神的な面で多大なメリットがあることは否定できない。また，それが高齢者の希望であるならば，居宅において，できる限り介護を続けようとすることは，ノーマライゼーションの理念に基づく介護の方法ということになる。しかしながら，介護者の介護負担感は大きいといわざるを得ない。

■介護負担と高齢者虐待

　居宅介護における介護者の介護負担感は，高齢者に対する虐待の要因の一つに考えられる。表2-9は，㈶医療経済研究機構が実施した「家庭内における高齢者虐待に関する調査」[3]より明らかになった高齢者虐待の発生要因である。これによると，高齢者自身の要因（つまり被虐待要因）としては，「高齢者本

人の性格や人格」38.5%,「高齢者本人の痴呆による言動の混乱」37.0%,次いで「高齢者本人の身体的自立度の低さ」30.4%,「高齢者本人の排泄介助の困難さ」25.4%が多い。虐待者側の要因としては,「虐待者の性格や人格」50.1%と「虐待者の介護疲れ」37.2%である。これら以外の要因では,「高齢者本人と虐待者の人間関係」48.0%,「配偶者や家族・親族の無関心」25.1%である。

表2-9　高齢者虐待の発生要因

高齢者本人の痴呆による言動の混乱	37.0%
高齢者本人の排泄介助の困難さ	25.4%
高齢者本人の身体的自立度の低さ	30.4%
高齢者本人の性格や人格	38.5%
高齢者本人のサービス利用への抵抗感	5.4%
高齢者本人の家族による介護は当然	8.2%
虐待者の身体障害	5.8%
虐待者の知的障害	3.4%
虐待者のアルコール依存	6.9%
虐待者の精神障害	8.1%
虐待者の上記以外の疾病	4.4%
虐待者のギャンブル依存	3.7%
虐待者の性格や人格	50.1%
虐待者の介護疲れ	37.2%
虐待者の知識や情報不足	18.2%
虐待者のサービス利用への抵抗感	12.0%
虐待者のストレスやプレッシャー	12.5%
ニーズに不適合なケアマネジメント	1.1%
高齢者本人と虐待者の人間関係	48.0%
配偶者や家族・親族の無関心	25.1%
経済的困窮	22.4%
経済的利害関係	11.9%
その他	4.9%

出所：㈶医療経済研究機構「家庭内における高齢者虐待に関する調査」2004年

「高齢者本人の痴呆による言動の混乱」や「高齢者本人の身体的自立度の低さ」そして「高齢者本人の排泄介助の困難さ」といった理由は，介護者にとっては，まさに介護負担そのものの大きさを表わしている。「痴呆（現在は認知症と呼称）」の場合，介護者がコミュニケーションをとることは難しく，ストレスや介護の心理的負担感は大きい。「高齢者の身体的自立度の低さ」や「排泄の困難さ」は身体的な介護負担感に直結する。その意味では，虐待発生要因として指摘されているこれらの理由は虐待者の「介護疲れ」と表裏一体の関係にあるといえるであろう。心身の介護負担さらに疲労感の蓄積は，高齢者虐待の主要な要因の一つである。また，虐待する介護者や虐待を受けている高齢者自身の性格や人格といった個人的なパーソナリティも虐待の発生要因として指摘できる。さらに，介護者と要介護高齢者との人間関係も，虐待発生の主要な要因として看過してはならないだろう。実際の虐待行動は，これらの要因が複合することによって引き起こされているものと思われる。

表2－10は，虐待者つまり介護者と，被虐待者つまり要介護高齢者の続柄の関係から，虐待の発生要因の詳細を明らかにしたものである。

「夫から妻への虐待」つまり介護者が夫で被虐待者が妻のケースでは，「虐待者の介護疲れ」55.2％，「虐待者の性格や人格」48.4％，「高齢者本人の身体的自立度の低さ」43.4％，「高齢者本人の痴呆による言動の混乱」40.5％などとなっている。「妻から夫への虐待」においてもっとも多いのは「虐待者の介護疲れ」51.9％，「虐待者の性格や人格」44.9％，「高齢者本人と虐待者の人間関係」44.9％，そして「高齢者本人の身体的自立度の低さ」43.2％となっている。配偶者間介護においては，介護者が高齢ゆえに介護による疲労感やその蓄積が虐待要因として大きなウエイトを占めている。さらに，「夫から妻への虐待」では，介護者の個人的パーソナリティも主要な要因と考えられる。「妻から夫への虐待」では，介護者の個人的パーソナリティに加え，要介護者との人間関係も虐待要因としての影響が大きいようである。

「娘から老親への虐待」では，「虐待者の性格や人格」52.0％，「虐待者の介

表2-10　高齢者虐待の続柄別発生要因

	1位	2位	3位	4位	5位
夫	虐待者の介護疲れ (55.2%)	虐待者の性格や人格 (48.4%)	高齢者本人の身体的自立度の低さ (43.4%)	高齢者本人の痴呆による言動の混乱 (40.5%)	高齢者本人の排泄介助の困難さ (29.7%)
妻	虐待者の介護疲れ (51.9%)	虐待者の性格や人格／高齢者本人と虐待者の人間関係 (ともに44.9%)		高齢者本人の身体的自立度の低さ (43.2%)	高齢者本人の性格や人格 (38.4%)
娘	虐待者の性格や人格 (52.0%)	虐待者の介護疲れ (48.0%)	高齢者本人と虐待者の人間関係 (45.9%)	高齢者の性格や人格 (42.2%)	高齢者本人の痴呆による言動の混乱 (38.7%)
息子	虐待者の性格や人格 (50.1%)	高齢者本人と虐待者の人間関係 (42.9%)	高齢者本人の痴呆による言動の混乱 (36.8%)	高齢者本人の性格や人格 (35.0%)	虐待者の介護疲れ (28.3%)
息子の配偶者(嫁)	高齢者本人と虐待者の人間関係 (67.8%)	高齢者の性格や人格 (50.9%)	虐待者の性格や人格 (48.6%)	配偶者や家族・親族の無関心 (36.8%)	高齢者本人の痴呆による言動の混乱 (31.7%)

出所：表2-9と同じ

護疲れ」48.0%，「高齢者本人と虐待者の人間関係」45.9%などとなっている。「息子から老親への虐待」の場合，「虐待者の性格や人格」50.1%，「高齢者本人と虐待者の人間関係」42.9%となっている。実の親子間関係の世代間介護では，介護者の介護疲労も要因としてはあるが，それ以上に介護者の個人的パーソナリティが虐待の発生要因としてウエイトが大きいようである。

「息子の配偶者（嫁）」が虐待者の場合は，「高齢者本人と虐待者の人間関係」67.8%，「高齢者の性格や人格」50.9%，そして「虐待者の性格や人格」48.6%となっている。義理の親子関係の世代間介護では，介護者と要介護者との過去の人間関係が虐待発生に大きく影響を及ぼしているようである。

「昔ながらの介護の構図」として想定されるのは，「義理の老親を嫁が介護する組み合わせ」である。この義理の親子間の世代間介護では，介護者と要介護

高齢者の人間関係上の問題が虐待の発生要因として大きいのである。さらに，「介護者を取りまく人間関係の不調整問題という家族間の人間関係に問題」にこそ虐待要因が潜んでいるとの指摘（田中，2007：294）もある。高齢者虐待の発生の根源には，介護に伴うストレスや身体的負荷による疲労や疲労感の蓄積があるものと思われる。加えて，介護者と要介護高齢者の人間関係上の問題も主要な要因の一つとして看過できないのである。

　居宅において家族間介護が成立するには，介護者と要介護高齢者の双方が介護関係を受け入れることのできるような条件が整っている必要がある。また，すべての家族（というよりも個々人）が介護者として，介護による心身の負荷に耐えることのできるようなパーソナリティを備えているわけではない。そのような条件を十分に整えることなく，居宅による家族介護が行われた場合，そこには潜在的に高齢者虐待の温床が潜んでいることになろう。

4．要介護高齢者の増加と居宅サービス需要

■要介護高齢者数の将来予測

　要介護の高齢者は今後どの程度まで増え続けていくのであろうか。表2-11により，介護保険制度の検討・審議を行った審議会等に提出され将来予測の数値をみていくと，虚弱，要介護の痴呆性，寝たきり（寝たきりで痴呆を含む）の要介護等の高齢者数の推計は，1993（平成5）年で200万人，2000（平成12）年には280万人，2010（平成22）年には390万人，そして2025（平成37）年になると520万人に増加するものと予測していた。また，同じ時期の経済企画庁経済研究所（当時）の推計によれば，2025（平成37）年の要介護高齢者数は約491万人と予測していた。（下山，2000：11〜12）いずれの予測値でも，2025（平成37）年にはおおむね500万人前後の要介護高齢者を見込んでいることになる。

　厚生労働省政策当局による現時点における「介護サービス対象者数の推計」

表2-11 厚生省(当時)による要介護高齢者の推計値
―寝たきり,痴呆性,虚弱高齢者の将来推計―

(単位:万人)

	総　　数	寝たきり(寝たきりであって痴呆の者を含む)	要介護の痴呆性(寝たきりを除く)	虚　弱
1993(平成5)年	200	90	10	100
2000(平成12)年	280	120	20	130
2010(平成22)年	390	170	30	190
2025(平成37)年	520	230	40	260

出所:厚生省監修『21世紀福祉ビジョン』第一法規,1996年

は表2-12のとおりである。これによると,「要介護認定者等数」つまり要介護高齢者数の今後の増加予測値は,介護予防事業の効果がある場合と,予防効果がない場合とでは認定者数が異なる。2004(平成16)年をスタートラインに,「予防効果なし≪A≫」のケースでは,2008(平成20)年には520万人,2011(平成23)年には580万人,そして2014(平成26)年には640万になるものと推測している。「予防効果あり≪B≫」のケースでは,2008(平成20)年で500万人,2011(平成23)年で540万に,2014(平成26)年で600万人と推計している。介護予防事業の効果が発揮できる場合は,要介護認定者つまり要介護高齢者数は20万人から40万人程度は削減できるとしている。

■居宅介護サービスへの需要増大

　介護保険制度の制度設計の基本となった要介護高齢者数の推計値(表2-11)と介護保険制度運用後の介護サービス対象者数の推計値(表2-12)では,推計根拠や「要介護」の範囲や定義が異なるため,また推計手法が相違しているために,これを一概に比較することはできない。とはいえ,2010(平成22)年あるいは2011(平成23)年の要介護高齢者総数では,150万人から190万人の開きがある。わずか数年の間に,要介護高齢者数の将来予測の推計値が大きく増えていることになる。この理由の一つは,人口高齢化とくに後期高齢者人口

表2-12 介護サービス対象者数の推計

(単位:万人)

		2004 (平成16)年	2008 (平成20)年	2011 (平成23年)	2014 (平成26)年
要介護認定 者等数	予防効果なし≪A≫	410	520	580	640
	予防効果あり≪B≫	—	500	540	600
介護保険利 用者数	利用者全体 ≪C≫	330	410	450	500
	うち施設	80	100	100	110
	うち在宅	250	310	350	390
後期高齢者(75歳以上)数≪D≫		1110	1290	1430	1530

注:介護保険利用者数と要介護認定者数が一致しないのは,入院,家族介護等により介護保険の利用率が8割程度にとどまるため。
出所:厚生労働省資料による。

の増加傾向が進行していることが背景に考えられる。ただ,それだけでこれほど急激に要介護高齢者数の増加を見込むことはできない。いま一つの理由として推定できるのは,介護保険制度の社会的認知の浸透そして介護保険料の徴収による利用者意識の高まりがあるのではないだろうか。つまり,介護保険制度が運用を開始するまで,あるいは介護保険料が徴収されるまでは,家庭内に「潜在化していた高齢者介護」,言い換えるならば「潜在化していた要介護高齢者の介護ニーズ」が掘り起こされたのかもしれない。

表2-12によれば,これら要介護認定者のうちの約8割が介護保険サービスを利用するとして,介護保険利用者数の今後の増加は「利用者全体≪C≫」が2008(平成20)年で410万人,2011(平成23)年で450万人,そして2014(平成26)年で500万人と見込まれている。うち施設は2014(平成26)年で110万人,在宅は390万人と推測している。施設利用者数の見込み値は,介護保険施設の設置が老人保健福祉計画や介護保険事業計画に制約されるためほぼ確定的な数値と考えられよう。介護保険施設による施設サービス利用の要介護高齢者数がこれ以上急速に増加することはあまり考えられない。したがって,要介護高齢者のための介護保険制度に基づく福祉・介護サービスの提供は,主に居宅にお

いて展開されることになろう。その伸びは，2004（平成16）年の在宅の介護保険利用者数を100とすると，2014（平成26）年には約1.6倍となる。

　いずれにせよ，少子高齢社会における福祉・介護サービスは，居宅介護サービスに対する需要が増大してくることになろう。介護保険施設の施設サービスで必要となる福祉・介護サービス職の養成・確保も重要な政策課題ではあるが，労働力の量という点では，居宅介護サービスに従事する福祉・介護サービス職の養成，そして労働市場からの労働力の誘導や確保が優先課題となろう。

注

1) 本章における「要介護高齢者」には，介護保険法による要介護者と要支援者が含まれている。また，介護保険法における40歳から64歳未満の第2号被保険者も一部データとしては含まれている。
2) 要介護1は「部分的な介護を要する状態」，要介護2は「軽度の介護を要する状態」，要介護3は「中程度の介護を要する状態」，要介護4は「重度の介護を要する状態」，要介護5は「最重度の介護を要する状態」である。要支援の1・2は「社会的支援を要する状態」と区分されている。
3) この調査は，在宅介護サービス提供事業所等の関係機関調査，自治体調査の2つからなっている。前者は，居宅介護支援事業所や在宅介護支援センター，訪問介護事業所，訪問看護ステーション，通所介護事業所，介護老人保健施設，市町村保健センター等において，高齢者への虐待を受けたと推定されるケースの調査である。後者は，高齢者虐待に関する相談等の取り扱いケースの調査である。

第3章

家族変動と「介護の社会化」

　本章の主要なテーマは，高齢者介護に密接に関係する家族変動である。高齢者の単独世帯や夫婦のみ世帯の増加といった家族の形態変化やその将来予測，さらに高齢者との同別居意識や老親に対する扶養規範意識などの家族意識の趨勢について明らかにしていく。また，居宅における家族介護は，その是非を別にして，現実的には女性がその役割を担っている。それを困難にする女性の労働力化の動向についても分析・考察し，「介護の社会化」をすすめるための条件整備の課題を明らかにしていきたい。

1．高齢者家族の形態変化

■高齢者家族の核家族化—単独世帯と夫婦のみの世帯の増加—

　高齢者を含む家族の形態変化についてみていこう。表3-1は，国民生活基礎調査により，65歳以上の高齢者を含む世帯について，その世帯構造の年次推移を示したものである。この表をみると，高齢者家族の核家族化がわかる。65歳以上の高齢者のいる世帯について，過去四半世紀の推移をみていくと，単独世帯および夫婦のみの世帯の大幅な増加を読み取ることができる。推計数，比率ともに，高齢者の単独世帯と夫婦のみの世帯は急速に増加している。1975（昭和50）年を起点に2006（平成18）年の世帯構造をみると，単独世帯の推計数は約6.7倍に増え，比率は約2.6倍となっている。夫婦のみの世帯は，同じく推計数は約5.8倍に，比率は約2.3倍となっている。夫婦のみの世帯のうち，とく

表3-1 世帯構造別にみた65歳以上の者のいる世帯数の年次推移

	総数	単独世帯	夫婦のみの世帯		親と未婚の子のみの世帯	三世代世帯	その他の世帯
			いずれかが65歳未満	ともに65歳以上			
推計数							(単位：千世帯)
1975(昭和50)年	7,118	611	931	487	443	683	3,871	1,023
1980(昭和55)年	8,495	910	1,379	657	722	891	4,254	1,062
1985(昭和60)年	9,400	1,131	1,795	799	996	1,012	4,313	1,150
1990(平成2)年	10,816	1,613	2,314	914	1,400	1,275	4,270	1,345
1995(平成7)年	12,695	2,199	3,075	1,024	2,050	1,636	4,232	1,553
2000(平成12)年	15,647	3,079	4,234	1,252	2,982	2,268	4,141	1,924
2005(平成17)年	18,532	4,069	5,420	1,349	4,071	3,010	3,947	2,088
2006(平成18)年	18,285	4,102	5,397	―	―	2,944	3,751	2,091
構成割合							(単位：%)
1975(昭和50)年	100.0	8.6	13.1	6.8	6.2	9.6	54.4	14.4
1980(昭和55)年	100.0	10.7	16.2	7.7	8.5	10.5	50.1	12.5
1985(昭和60)年	100.0	12.0	19.1	8.5	10.6	10.8	45.9	12.2
1990(平成2)年	100.0	14.9	21.4	8.4	12.9	11.8	39.5	12.4
1995(平成7)年	100.0	17.3	24.2	8.1	16.1	12.9	33.3	12.2
2000(平成12)年	100.0	19.7	27.1	8.0	19.1	14.5	26.5	12.3
2005(平成17)年	100.0	22.0	29.2	7.3	22.0	16.2	21.3	11.3
2006(平成18)年	100.0	22.4	29.5	―	―	16.1	20.5	11.4

注：2006(平成18)年は「調査結果の概況」。
出所：厚生労働省「国民生活基礎調査」各年より

に「ともに65歳以上」という高齢の夫婦のみの世帯の増加率が顕著となっている。推計数（2005年との対比）では約9.2倍，比率の面では約3.5倍に増えている。それに対して，典型的な親子同居世帯である三世代世帯は，推計数では減少傾向にあり，比率については一貫して減少し続け，2006（平成18）年では20.5％となっている。「その他の世帯」のなかにも親子同居の世帯が含まれているであろうが，高齢者の単独世帯や夫婦のみの世帯の増加に比べると，高齢者と子世代家族との同居形態は減少し続けているといえよう。

このように，65歳以上の高齢者を含む世帯構造は，単独世帯や夫婦のみの世帯といった高齢者核家族が確実に増え続けているのであり，高齢者介護の役割を担うであろう子ども家族と同居する高齢者は少数派となってきている。

■高齢者家族の将来予測―単独世帯の増加―

　前述のような高齢者の単独世帯や夫婦のみの世帯の増加といった高齢者家族の核家族化は今後どのように推移するであろうか。表3-2の国立社会保障・人口問題研究所の「日本の世帯数の将来推計（都道府県別推計）」（2005年8月推計）によると，高齢者家族の核家族化はさらに進展していくものと予測されている。

　65歳以上が世帯主である高齢世帯のうち，「単独世帯（世帯主：男性）」の世帯数は今後も確実に増加し続け，比率の面でも，2010（平成22）年8.2％，2015（平成27）年9.5％，2020（平成32）年10.8％，そして2025（平成37）年には12.2％になると見込まれている。「単独世帯（世帯主：女性）」の場合も，世帯数は確実に増加し続ける予測である。そして，比率の面では，2010（平成22）年は22.3％，2015（平成27）年は22.7％，2020（平成32）年は23.6％，そして2025（平成37）年には24.7％になるものと予測されている。「夫婦のみの世帯」については，世帯数は今後とも着実に増加し2020（平成32）年にピークとなる。比率の面では，2010（平成22）年をピークに足踏み状態となり，その後は減少基調となるようである。

　65歳以上の高齢男性が世帯主の単独世帯及び女性の単独世帯，そして夫婦のみの世帯を合計した高齢者核家族の将来予測をみていくと，2000（平成12）年に61.9％であったのが，2025（平成37）年には70.0％になるものと見込んでいる。男女ともに，高齢者の単独世帯が今後急速に増加することによって，「高齢者核家族」が支配的な形態になるかもしれない。

　高齢者家族において単独世帯や夫婦のみの世帯が増加するということは，同時に，高齢者と子ども家族の同居率のさらなる低下（その将来的な比率水準は確定できないが）が見込まれることとなろう。これは，今後の要介護高齢者の居宅における家族介護は，配偶者間介護が主流になることを予測させる。子どもとの同居形態にならないかぎり，家族内での世代間介護を成り立たせるのは

表3-2 高齢者家族の将来予測

(単位:世帯数,千世帯)

	単独世帯(世帯主:男性)	単独世帯(世帯主:女性)	夫婦のみの世帯	夫婦と子から成る世帯	ひとり親と子から成る世帯(世帯主:男性)	ひとり親と子から成る世帯(世帯主:女性)	その他の一般世帯
2000(平成12)年	742 6.7%	2,290 20.6%	3,854 34.6%	1,456 13.1%	186 1.7%	564 5.1%	2,043 18.3%
2005(平成17)年	972 7.3%	2,889 21.6%	4,695 35.1%	1,831 13.7%	232 1.7%	688 5.1%	2,068 15.5%
2010(平成22)年	1,269 8.2%	3,440 22.3%	5,420 35.2%	2,089 13.6%	295 1.9%	799 5.2%	2,095 13.6%
2015(平成27)年	1,669 9.5%	3,995 22.7%	6,136 34.8%	2,321 13.2%	354 2.0%	914 5.2%	2,227 12.6%
2020(平成32)年	1,997 10.8%	4,357 23.6%	6,310 34.2%	2,255 12.2%	394 2.1%	970 5.2%	2,189 11.8%
2025(平成37)年	2,241 12.2%	4,560 24.7%	6,092 33.1%	2,070 11.2%	424 2.3%	981 5.3%	2,059 11.2%

注:世帯主の年齢が65歳以上の高齢世帯の推計。
出所:国立社会保障・人口問題研究所「日本の世帯数の将来推計(都道府県別推計)」2005年

困難だからである。

2. 扶養・介護意識の変化

■高齢期における被介護意識―男性は自宅介護志向,女性は施設介護志向―

　ここでは,高齢期における被介護意識,老親との同別居そして老親扶養に関する規範意識等,いくつかの調査の結果から高齢者の扶養や介護に関する意識の動向について考察していこう。

　はじめに,内閣府が実施した「高齢者介護に関する世論調査」[1]からみていこう。この調査では,介護が必要な状態になった際に,どこで,誰に介護され

たいのか等について広く国民全般に尋ねている。

表3-3の「介護を受けたい場所」には，老後，介護が必要になった場合に，どこで介護を受けたいのか尋ねた結果が示されている。まず，総数全体では「可能な限り自宅で介護を受けたい」44.7%，そして「特別養護老人ホームや老人保健施設などの介護保険施設に入所したい」33.3%となっている。「介護付きの有料老人ホームやグループホームに住み替え」は9.0%である。全般的な傾向としては，「介護保険施設へ入所」と「介護付きの有料老人ホームやグループホームへ住み替え」を合計した「施設介護志向」(42.3%)，そして「可能な限り自宅で介護」のいわば「自宅介護志向」(44.7%) とが，ほぼ半々である。ただし，男女別の年齢計でみていくと，「自宅介護志向」が男性52.3%に対し，女性は38.6%と少なくなっている。「施設介護志向」は男性の33.3%に対し，女性は49.5%となっている。どちらかといえば，女性の方が介護を受

表3-3 介護を受けたい場所

(単位：%)

	可能な限り自宅で介護を受けたい		介護保険施設に入所したい		介護付き有料老人ホームやグループホームに住み替え		一概に言えない		わからない	
総数	44.7		33.3		9.0		8.4		4.6	
	男性	女性	男性	女性	男性	女性	男性	女性	男性	女性
年齢計	52.3	38.6	27.7	37.8	5.6	11.7	9.3	7.6	5.1	4.2
20～29歳	44.2	43.0	27.9	25.1	4.1	13.6	11.6	10.2	12.2	8.1
30～39歳	47.5	34.2	29.1	40.0	5.3	14.2	9.7	6.8	8.3	4.8
40～49歳	49.4	30.4	30.0	42.6	8.4	15.5	7.6	6.8	4.6	4.8
50～59歳	54.2	38.0	28.5	39.8	5.1	11.1	9.5	7.3	2.7	3.9
60～69歳	53.0	43.1	28.2	37.8	5.9	10.3	9.1	6.9	3.8	1.9
70歳以上	59.9	44.5	23.1	37.3	4.8	5.8	8.8	8.9	3.4	3.4

注：「介護保険施設に入所」の調査票の設問は「特別養護老人ホームや老人保健施設などの介護保険施設に入所したい」。「介護付き有料老人ホームやグループホームに住み替え」は「介護付きの有料老人ホームや痴呆性高齢者グループホーム（痴呆の高齢者が共同生活を営む住居）などに住み替えて介護を受けたい）」である。
出所：内閣府政府広報室「高齢者介護に関する世論調査」2003年

ける場所としては施設を志向し，男性の方は自宅での介護を志向している。

　年齢階級別に「介護を受けたい場所」がどこであるか確認していくと，「自宅介護志向」は「20～29歳」層で男女がほぼ均衡している。ただ，30歳以上の年齢階級では男性の「自宅介護志向」は常に女性よりも高水準で推移している。「施設介護志向」については，すべての年齢階級で男性よりも女性の方が高い水準で推移している。

　要するに，男性が老後の介護場所として自宅を志向し，女性が施設を老後の介護場所として考える傾向は世代の相違を超えた意識傾向といえよう。

　ちなみに，表3-4から，「自宅で介護を受けたい」と回答した人の理由をみていくと，もっとも多いのは「住み慣れた自宅で生活を続けたいから」が85.6％と圧倒的となっている。また，表3-5から，「介護施設等を利用したい理由」をみていくと，「家族に迷惑をかけたくないから」が77.1％と，これも圧倒的に多い。次いで，「専門的な介護を受けられるから」35.9％，「家族は仕

表3-4　自宅で介護を受けたい理由

住み慣れた自宅で生活を続けたいから	85.6%
施設で他人の世話になるのはいやだから	21.8%
他人との共同生活はしたくないから	21.7%
施設に入るだけの金銭的余裕がないから	21.6%
施設では自由な生活ができないから	21.3%

注：表3-3の設問で「可能な限り自宅で介護を受けたい」の回答者のみ。
出所：表3-3と同じ

表3-5　介護施設等を利用したい理由

家族に迷惑をかけたくないから	77.1%
専門的な介護を受けられるから	35.9%
家族は仕事をしているなど、介護の時間が十分に取れないから	25.9%
緊急時の対応の面で安心だから	24.4%

注：表3-3の設問で「介護保険施設に入所」および「介護付きの有料老人ホームやグループホームに住み替え」と回答した者のみ。
出所：表3-3と同じ

事をしているなど，介護の時間が十分に取れないから」25.9％，「緊急時の対応の面で安心だから」24.4％となっている。

■**居宅での介護イメージ―男性は妻，女性は夫と娘に期待―**

　それでは，日本人の意識構造として，理想的な居宅での介護形態とは何であろうか。表3-6から，同じ調査による意識の動向をみていこう。

　表3-6の「望ましい在宅での介護形態」について，内閣府「高齢者介護に関する世論調査」の1995年調査と2003年調査を比べると，「家族だけに介護されたい」は25.0％から12.1％へと半減している。「家族の介護を中心とし，ホームヘルパーなど外部の者も利用したい」は1995年調査が42.6％，2003年調査が41.8％とほぼ変化していない。対して，「ホームヘルパーなど外部の者の介護を中心とし，あわせて家族による介護を受けたい」は21.5％から31.5％へと約10ポイント増加している。「ホームヘルパーなど外部の者だけに介護されたい」は3.4％から6.8％に微増というところである。このようにみてくると，自宅介護を志向しつつも，介護のすべてを家族員に期待するのではなく，ホームヘルパー（訪問介護員）等の事業者によるサービスの利用を考えている人たちが増えてきている。

　ちなみに，家族員のうちの誰に介護を望むのかに関して，表3-7からみて

表3-6　望ましい在宅での介護形態

	1995 （平成7）年	2003 （平成15）年
家族だけに介護されたい	25.0％	12.1％
家族の介護を中心とし，ホームヘルパーなど外部の者も利用したい	42.6％	41.8％
ホームヘルパーなど外部の者の介護を中心とし，あわせて家族による介護を受けたい	21.5％	31.5％
ホームヘルパーなど外部の者だけに介護されたい	3.4％	6.8％

出所：表3-3と同じ

いくと，2003（平成15）年調査では配偶者が60.7%と圧倒的に多く，次いで娘17.3%である。男女別では，男性の76.0%が介護者として配偶者を期待するのに対して，女性はそれが36.1%にとどまる。娘とするのは男性がわずかに4.5%であるのに対して女性は38.0%である。男性は配偶者に介護を期待し，女性は配偶者（夫）および娘の双方に対して介護を期待している。1995（平成7）年調査と2003（平成15）年を比べると，配偶者の比率がやや上昇し，義理関係にある嫁に介護を望んでいる人は減少している。

20歳以上の日本人全般の高齢期における被介護意識では，どちらかといえば男性は自宅での介護を求め，女性は施設での介護を志向する傾向がみられる。自宅での介護を志向する人たちは「住み慣れた自宅」での心地よさを求めているものと推測され，施設での介護を志向する人たちは介護の負担を家族にかけたくないために介護保険施設等での介護を考えているようである。それゆえ，居宅での介護を志向していても，ホームヘルパー等の外部事業者からのサービスの利用意向も強く，居宅介護による介護者への負担軽減の意識が強くなってきている。これによっても，今後の高齢者介護における居宅での福祉・介護サービスの量的なそして質的な面での充実が重要な政策課題であることがわか

表3-7　家族のうちの誰に介護を望むか

	1995（平成7）年	2003（平成15）年		
配偶者	54.8%	60.7%	男性	76.0%
			女性	36.1%
息　子	5.7%	7.2%	男性	7.5%
			女性	6.6%
娘	19.4%	17.3%	男性	4.5%
			女性	38.0%
嫁	12.1%	6.0%	男性	3.0%
			女性	10.8%

注：表3-6の設問で「家族だけに介護されたい」の回答者のみ。
出所：表3-3と同じ

る。なお，家族における介護関係については，これまで考察してきたように，男女間の一般的な寿命の違いもあり，配偶者間介護は男性が期待する傾向が強く，世代間介護は女性がより多く期待している。その場合，嫁という義理関係ではなく，実の親子関係にある娘への期待感が強まってきている。

■**高齢者の同別居の意識**

すでに述べたように，居宅での家族介護が成り立つには，老親と子ども世代が同居する必要がある。そこで，次に，内閣府が実施した「高齢者の住宅と生活環境に関する意識調査」[2]から，60歳以上の高齢者と子どもとの同別居の意識の変化について，表3-8からみていこう。

60歳以上高齢層の子どもとの同別居意識の動向をみていくと，「現在同居，将来も同居」は1995年調査が49.8％，2001年調査が35.2％，そして2005年調査が31.2％と一貫して低下が続いている。対して，「現在別居，将来も別居」が1995年調査は10.3％，2001年調査は14.2％，そして2005年調査は19.9％と増加し続けている。1995（平成7）年の時点で，「現在同居，将来も同居」と「現在別居，将来は同居」を合計すると60.9％であり，「現在同居，将来は別居」と「現在別居，将来も別居」の合計は13.1％である。それが，2005（平成17）年では，「現在同居，将来も同居」と「現在別居，将来は同居」を合計すると41.1％であり，「現在同居，将来は別居」「現在別居，将来も別居」の合計は

表3-8　子どもとの同・別居意識

(単位：％)

	子どもはいない	現在同居，将来も同居	現在同居，将来は別居	現在別居，将来は同居	現在別居，将来も別居	現在同居，将来は不明	現在別居，将来は不明	その他	無回答
1995（平成7）年	6.6	49.8	2.8	11.1	10.3	6.5	12.9	─	─
2001（平成13）年	6.1	35.2	3.6	11.5	14.2	8.8	19.5	0.9	0.1
2005（平成17）年	6.9	31.2	4.1	9.9	19.9	8.4	17.2	0.5	1.9

出所：内閣府「高齢者の住宅と生活環境に関する意識調査」各年より

24.0％である。60歳以上の高齢層の場合，老後の居住形態として，同居志向が強いものの，別居を選択しようとする高齢層も着実に増加していることがわかる。

■高齢者扶養の規範意識―嫁の老親との同居規範意識の変化―

これまでは，高齢者もしくは高齢期に関係する扶養・介護意識について，高齢期に介護が必要になったときに，誰に，どこで介護を求めるのかといった被介護意識，老後の居住形態としての同別居に関する意識の動向などについて考察してきた。

そこで，以下では，世代間介護の場面で，実際に老親介護の役割を担う可能性のある女性の「高齢者扶養に関する規範意識」について考察していこう。

表3-9は，国立社会保障・人口問題研究所が実施してきた「全国家庭動向調査」における「家族に関する妻の規範意識」のうち，妻の年齢階級別の「老親との同居規範意識」の動向を示してある。いうなれば，この表の数値の動きから，「伝統的な義理の老親との同居規範」について，扶養・介護する側の意識

表3-9　妻の年齢階級別の「老親との同居規範意識」

(単位：％)

	賛　成			反　対		
	1993年調査	1998年調査	2003年調査	1993年調査	1998年調査	2003年調査
総　　数	61.5	50.4	50.4	38.5	49.6	49.6
妻年齢29歳以下	58.8	45.4	49.2	41.3	54.6	50.8
30〜39歳	53.0	44.0	47.1	46.9	56.1	52.9
40〜49歳	60.7	47.2	49.1	39.3	52.8	50.9
50〜59歳	69.9	57.6	53.1	30.1	42.5	46.9
60〜69歳	70.7	60.1	53.6	29.3	39.8	46.4

注：設問は，1993年調査と1988年調査は「年をとった親は，息子夫婦と一緒に暮らすのがよい」に対する「妻」の意識。2003年調査は「年をとった親は子ども夫婦と一緒に暮らすのがよい」に設問が変更。
出所：国立社会保障・人口問題研究所『全国家庭動向調査』㈶厚生統計協会　各年より

の動向を知ることができる。この規範意識に賛成（肯定的態度）を表明する妻つまり嫁が多ければ、いわゆる「イエ規範意識」は強固であるといえ、反対（否定的態度）を表明する者が多くなれば規範意識は弱化もしくは衰退していることになる。

　ただし、この調査では、1993（平成5）年の第1回調査と1998（平成10）年の第2回調査では、「年をとった親は息子夫婦と一緒に暮らすのがよい」という設問に対する肯定と否定を尋ねているが、2003（平成15）年の第3回調査では「年をとった親は子ども夫婦と一緒に暮らすのがよい」という設問に変更されている。質問文において「息子夫婦」という表現から「子ども夫婦」に変わっている。「息子夫婦」よりも「子ども夫婦」の方が、「娘夫婦」カテゴリーを含んでいるため、概念的には広義となる。したがって、この設問の結果の数値について年次推移の変化をみるときには留意する必要がある。

　このような前提で表3-9をみていくと、総数では、「賛成」とする肯定的態度は1993年が61.5％、1998年が50.4％、そして2003年が50.4％である。対して、「反対」とする否定的態度は1993年が38.5％、1998年が49.6％、そして2003年が49.6％となっている。1993年調査から1998年調査にかけては低下していた「賛成」が、質問文の変化により2003年調査では比率の変化はない。「反対」に関しても、同じように、1998年調査と2003年調査とでは数値の変化はない。しかしながら、妻の年齢「50～59歳」に着目すると、「賛成」とする肯定的態度は1998年調査から2003年調査にかけて、69.9％→57.6％→53.1％と、設問の変更にもかかわらず低下し続けている。「60～69歳」に関しても同様であり、70.7％→60.1％→53.6％と低下し続けているのである。対して、「反対」とする否定的態度については、「50～59歳」では30.1％→42.5％→46.9％と増加が続き、「60～69歳」層は29.3％→39.8％→46.4％とやはり増加し続けている。

　要介護高齢者を居宅において実際に介護する役割を担う可能性のある（あるいは実際に介護している）50歳代・60歳代の中高年女性は、義理の老親との同

表3-10 「年老いた親の介護は家族が担うべきだ」への賛否

(単位:％)

	賛　成		反　対	
	1998年調査	2003年調査	1998年調査	2003年調査
総　　数	74.8	65.6	25.2	34.4
年齢29歳以下	83.2	78.2	16.7	21.8
30～39歳	76.6	68.1	23.4	31.9
40～49歳	69.5	62.9	30.4	37.1
50～59歳	74.9	61.3	25.2	38.7
60～69歳	77.6	67.4	22.4	32.6

出所:表3-9と同じ

居規範意識は明らかに低下し続けているといってよいであろう。

　次に,「全国家庭動向調査」の結果から,「年老いた親の介護は家族が担うべきだ」への賛否から,老親に対する介護規範意識についてみていこう。表3-10によると,1998年調査と2003年調査とでは,「賛成」が総数を含めすべての年齢階級で低下している。同時に,「反対」も総数を含め,すべての年齢階級で増加している。老親との同居規範意識と同様に,老親に対する介護規範意識についても低下している。とはいえ,「賛成」とする肯定的な態度は高水準にあることに変わりはない。老親に対する介護規範意識には根強いものがあるといえる。

　いずれにしても,高齢期において要介護状態になった場合の施設介護志向の高まり,同居志向の減少,同居規範意識の弱体化あるいは介護規範意識の低下といった「扶養・介護意識」の変化を確認していくと,そこには従来のような子ども家族が高齢者と同居することによって,ほぼ全面的に老親の介護を担うという「昔ながらの介護の構図」を見出すことは難しいのである。

3. 女性の雇用労働者化

■女性の労働力化と就労意識—強まる就労意欲—

　居宅における要介護高齢者の家族介護の役割は，多くの場合，中高年もしくは高齢の女性が担っている。しかしながら，近年，その女性の家庭外での労働力化傾向が顕著になってきている。総務省の労働力調査によると，2006（平成18）年の女性総数の労働力率は48.5％であるが，中高年層は「45～54歳」が72.2％，「55～64歳」は51.5％であり，女性全体の労働力率を上回っている。過去10年間の変化でみていくと，1996（平成8）年の「45～54歳」女性の労働力率は69.7％であったのが，2006（平成18）年には72.2％に上昇している。「55～64歳」女性の場合は，1996（平成8）年に48.8％であったのが，2006（平成18）年には51.5％へと増えている。

　この女性の労働力化の背景には，女性の就労意識の変化が指摘できる。女性の就労理由は，一般的には家計の維持や補助，子どもの教育費の獲得などが主たるものであろう。また，経済的自立，さらには職業を通じての自己実現を就労理由とする女性も増えてきている。その結果，女性の働き方も，学校を卒業してから結婚・出産までの，未婚期や出産までの短期間の就労後，職業生活から引退し家庭に入るタイプが減少していることが指摘できる。そして，出産・育児があっても退職することなく職業を継続するタイプが増加しているのである。要するに，女性の就労パターンは，短期未婚型から長期既婚型へと転換してきているといえる。

　表3-11には，女性が職業をもつことへの意識について，約30年間の変化を示してある。「子どもができてもずっと職業を続ける方がよい」という就業継続型，「子どもが大きくなったら再び職業を持つ方がよい」とする就業中断型，そして「子どもができるまで職業を持つ方がよい」の出産退職型，「結婚する

表 3-11 女性が職業をもつことへの意識－女性－

(単位：％)

	総数	子どもができてもずっと職業を続ける方がよい	子どもが大きくなったら再び職業を持つ方がよい	子どもができるまでは職業を持つ方がよい	結婚するまでは職業を持つ方がよい	女性は職業を持たない方がよい	わからない
1972(昭和47)年	100.0	11.5	39.5	12.3	18.6	7.8	10.3
1984(昭和59)年	100.0	20.1	45.3	10.6	11.1	6.1	6.9
1995(平成7)年	100.0	32.5	39.8	10.8	7.4	4.1	2.9
2004(平成16)年	100.0	41.9	37.0	9.1	5.4	1.7	2.9

注：1995年調査には「その他」があり2.4％，2004年にも「その他」があり2.0％である。
出所：総理府「婦人に関する意識調査」(1972年)，「婦人に関する世論調査」(1984年)，「男女共同参画に関する世論調査」(1995年)，および内閣府政府広報室「男女共同参画に関する世論調査」(2004年) より

までは職業を持つ方が良い」の結婚退職型，それに「女性は職業を持たない方がよい」の非就業型の，5つの「女性と職業」に関する類型における比率の増減が示されている。就業継続型と就業中断型の2つが生涯を通じて職業を持つ方がよいと考える層であるとすると，女性では1972年に51.0％であったのが，1995年には72.3％，そして2004年には78.9％と大きく増加している。この変化に大きく寄与しているのは，就業継続型の著しい増加である。この約30年間におおよそ4倍となっている。ここからも女性の強い就労意欲をうかがうことができる。

このようにみてくると，女性がそのライフコースにおいて職業を持つことが一般化しつつあるといえよう。つまり，女性の人生が家事や育児等の家族的な役割を中心に描かれるとは言い切れないのである。むしろ，女性の家族的役割とくに介護役割（女性が担わなければならないというものではないが）を考える場合は，職業を持っていることが前提となるのではないだろうか。

それでは男性は女性が仕事を持つことに対してどのような意識をもっているのであろうか。表3-12をみていくと，「子どもができてもずっと職業を続けるのがよい」が1972年の9.7％から2004年には38.6％へと，約4倍に増えてい

表3-12 女性が職業をもつことへの意識―男性―

(単位:%)

	総数	子どもができてもずっと職業を続ける方がよい	子どもが大きくなったら再び職業を持つ方がよい	子どもができるまでは職業を持つ方がよい	結婚するまでは職業を持つ方がよい	女性は職業を持たない方がよい	わからない
1972(昭和47)年	100.0	9.7	20.9	15.6	26.2	15.9	11.6
1984(昭和59)年	100.0	15.7	36.1	13.4	16.4	9.8	8.6
1995(平成7)年	100.0	27.2	37.1	12.7	11.1	4.6	3.9
2004(平成16)年	100.0	38.6	32.4	11.5	8.3	3.8	2.7

出所:表3-11と同じ

る。「結婚するまでは職業を持つ方がよい」は1972年の26.2%から2004年は8.3%と3分の1に減少している。「女性は職業を持たない方がよい」にいたっては1972年の15.9%から2004年では3.8%にまで減少しているのである。女性が職業をもつことを否定する男性はほとんどいないといってよいであろう。

このように,女性が職業生活を各自の人生のなかで生涯持続しようとする選択を強く希望する傾向が顕著であり,また男性もそれを当然のことと受け入れている。このことは,「専業主婦」というような立場で,家庭における家族役割に専従する家族メンバーが不在となることを意味する。当然,介護役割を担うこともできなくなる。

女性は,生涯を通じて職業をもつことを強く希望するようになってきている。要介護高齢者の家族介護を成り立たせてきたのは「女性が第一次的な介護者となることによって,男性が職業歴を継続することを可能」(森岡,1988:236)にしていたからである。それゆえに,女性が職業生活への強いこだわりをもつということは,その家族介護の条件の一つの終焉を意味しているのではないだろうか。

■雇用労働と介護役割の相克

　女性の労働力化のなかでも「雇用労働者化」が，介護役割の遂行を困難なものとしている。総務省の労働力調査によると，就労する女性の「従業上の地位」のうち雇用者の比率は，1996（平成8）年に79.3%であったのが，2006（平成18）年には85.9%になっている。女性就業者のなかでも雇用労働者として就業している者が着実に増えている。女性の労働力化とは「雇用労働者化」のことである。

　雇用労働に従事するということは，職場と家庭が明確に分離することである。自営業のように，職場と家庭が隣接する可能性は少ない。雇用労働者は，仕事の合間に家事役割あるいは介護役割をこなすというわけにはいかない。さらに，労働時間を自己裁量することは困難であり，職場に一定時間拘束される。通勤時間も発生する。そのため，在宅時間は大きく減少することになる。すなわち，雇用労働に従事することと，常時観察が必要で間欠的介護を要求される高齢者の介護は構造的に相容れることのできない社会的役割なのである。女性の就労意欲が高まり，それも雇用労働者化が進行している今日，在宅での家族介護は，社会的支援がない限り成立が難しいのではないだろうか。

　実際に，家族内での介護役割は女性の就労継続の阻害要因として作用している。総務省「就業構造基本調査」における離職理由をみると，家族の介護等を理由に離転職する女性が少なくない。2002（平成14）年調査によると，「2001（平成13）年10月～2002（平成14）年9月」の1年間に「家族の介護・看護のため」に離職した女性は10万5700人である。そのうち，雇用者は9万3600人である。「2000（平成12）年10月～2001（平成13年）9月」の1年間の「家族の介護・看護のため」に離職した女性雇用者は7万7900人，「1999（平成11）年10月～2000（平成12）年9月」は7万8800人，「1998（平成10）年10月～1999（平成11）年9月」は6万2100人，「1997（平成9）年10月～1998（平成10）年9月は6万4200人である。毎年，コンスタントに，6万人から9万人強の女性雇用

者が「家族の介護や看護」を理由に離職しているのである。その数は増加傾向にある。

なお,「2001（平成13）年10月～2002（平成14）年9月」の間に「家族の介護・看護のため」に離職する女性の比率は総数全体（前職が雇用者）との対比ではわずかに2.5％にすぎない。しかしながら,「45～49歳」では5.2％,「50～54歳」は7.3％,「55～59歳」は7.0％を占めている。中高年女性の離職理由としては, 無視できない数値といえよう。明らかに, 介護役割は女性の就労の継続を阻害する要因の一つとなっている。

雇用者として就労している女性が介護役割を結果として受け入れる場合, 介護と就労の両立を図る努力のプロセスがある。いきなり勤務している職場から離脱するということはないであろう。仕事の継続と介護役割の両立を図るため, 労働時間の短縮, 雇用・就業形態の変更, 配置転換, さらには転職による勤務先の変更などの選択肢を模索することになる。あるいは, 居宅介護サービスの利用, 介護保険施設への入所なども検討するであろう。そして, 最終的に離職の選択を受け入れているのではないだろうか。その際の「介護役割の受け入れ方」は2つ想定される。一つは, 主体的, 自発的あるいは積極的に自らの役割として受け入れるケースである。いま一つは, 消極的, 受動的あるいは非自発的に「仕方なく」受けているケースである。後者の場合, 要介護高齢者の介護役割の受け入れは女性介護者の意志と乖離しているため, たとえ介護が家庭内でなされたとしても十全な介護がなされないおそれがでてこよう。

ともあれ, 経済的独立や自己実現を志向し生涯を通じての職業生活の展開を求める女性にとって, 介護役割は就労への参加や継続を阻害する大きな要因となっている。現状においては, 介護役割と女性労働力の雇用労働者化は相克する関係にあるといえよう。

4．家族の変化と「介護の社会化」

■失われる居宅における家族介護の条件

　要介護高齢者の介護の社会的役割は，今日に至るまで，基本的には子ども家族によって担われてきたといってよいであろう。子ども家族と高齢者との同居という家族形態を基盤に，私的なレベルにおいて高齢者介護は行われてきたのである。

　しかしながら，今日の家族形態の変化すなわち高齢者単独世帯や高齢夫婦のみ世帯といった高齢者家族の核家族化，老親と子ども家族との同居率低下の予測，高齢期における被介護意識の変化や高齢者に対する扶養・介護意識の低下，そして現実的に介護役割を担ってきた女性の雇用労働者化といった現実をふまえるならば，もはや家族（とくに子ども家族）を基軸とした私的介護は高齢者介護の主流たりえないのではないだろうか。居宅における要介護高齢者の家族介護を成り立たせている条件は失われつつあるのではないだろうか。

　今日の家族変動は，要介護高齢者に対する家族介護を持続させることの限界を顕在化させている。たとえば，生涯未婚率の上昇は，戦後日本の「国民皆結婚主義」といった，最終的にはほとんどの国民が結婚し家庭をもつといった社会保障・社会福祉政策の暗黙の前提を崩している。また，男性の生涯未婚率の急上昇は，その老後に至って配偶者はなく，むろん子ども（家族）もいない一人暮らしの男性高齢者を将来的には大量に出現させることになる。このような高齢者のケースでは，子ども家族による介護は構造的にありえないことになる。というよりも，当の本人が認知症となった場合，本人の意思を代弁するような親族さえもいないかもしれない。女性に関しても，男性に比べれば未婚率は低水準とはいえ，近年は急上昇している。男女ともに，子ども家族や配偶者に介護役割を期待できない一人暮らしの高齢者が，大きく増加することになろう。

もはや，子ども家族，あるいは義理関係の嫁に全面的に要介護高齢者の介護役割を期待することは，まさに「構造的」に難しくなってきている。家族介護の内外の諸条件の変化は，まさに歴史的な必然性として要介護高齢者の介護を社会的な責任によって担うという「介護の社会化」を求めることになろう。

■「介護の社会化」と福祉・介護サービス職

　前書（拙著『介護の社会化と福祉・介護マンパワー』学文社）において，「高齢者介護における責任主体について，私的介護から社会的介護への基軸の変更」として「介護の社会化」を位置づけた。「介護の社会化」とは，要介護高齢者に対する介護の責任主体を，私的介護である子ども家族を基軸にしたシステムから社会的介護を基軸にしたシステムに変更することである。それは，個人の私的な生活領域での役割遂行とされている介護を，社会的な領域で責任を担うことを意味している。要するに，「介護の社会化」とは，高齢者介護が社会的介護を中心に再編成されることである。

　ところで，介護保険制度は「介護の社会化」をうたっている。「介護の社会化」を目指す介護保険制度が用意している各種の福祉・介護サービスには，介護老人福祉施設（特別養護老人ホーム）や介護老人保健施設等の介護保険施設への入所，居宅での訪問介護や短期入所介護等さまざまである。「介護の社会化」を進めるための条件整備として，これらの施設サービスや居宅サービス等の各種介護保険サービスの量的な面での拡充は必要不可欠である。そして，なによりも介護保険サービスの利用者である要介護高齢者やその家族に，「サービス」を提供するためのマンパワーがなければならない。「サービス」は在庫管理ができない，在庫がきかない商品である。要介護高齢者に対する「介護」サービスにはそれを提供するマンパワーが確保されていなければならない。

　よって，「介護の社会化」には，サービスを提供するマンパワーの養成と確保がすべての前提となる。

　以下，本書では，要介護高齢者に対する諸サービスを職業として提供する

「福祉・介護サービス職」に焦点をあて議論していくことになる。

> 注
1) 内閣府政府広報室が，20歳以上の国民を対象に実施。これまでに，1995（平成7）年と2003（平成15）年の2回実施されている。
2) 内閣府共生社会政策統括官により，60歳以上の高齢者を対象に実施し，1995（平成7）年，2001（平成13）年，2003（平成17）年の3回の調査がある。

第4章

福祉・介護マンパワーの広がり

　要介護高齢者を対象にした各種の福祉・介護サービスを提供する従事者には，さまざまな労働形態や活動形態がある。福祉・介護サービスの提供は，介護保険制度のもとで行われる場合，施設サービスおよび居宅サービスに区分される。サービスを提供する従事者は雇用・就業形態としては種々あろうが，いずれにしても職業として従事している。

　それが近年，NPOという非営利の法人形態のもとで，福祉・介護サービスを提供する活動の仕方あるいは働き方が顕著になってきている。

　本章では，少子高齢社会における福祉・介護サービス職の現状を分析・考察するにあたり，福祉・介護サービスに従事するマンパワーの広がりと全容をみていこう。

1．福祉・介護マンパワーの多様性と多面性

■福祉・介護マンパワーの多様性

　福祉・介護マンパワーはサービスの供給主体がさまざまであることから，働き方や活動の仕方も多様である。

　まず，福祉・介護マンパワーが，職業分類上，どのように位置づけられているのか確認していこう。厚生労働省の職業分類（平成11年改訂）によると，福祉・介護サービス職は次のように分類されている。すなわち，「福祉相談指導専門員（福祉事務所などにおいて専門的調査・判定，相談，助言，指導の仕事に従

事する)」,「福祉施設指導専門員(老人福祉施設などの福祉施設において,専門的な保護,援護,介護の指導などの仕事に従事する)」,「福祉施設寮母・寮父(老人福祉施設などにおいて介護等の仕事に従事する)」,「その他の社会福祉専門職業従事者(社会福祉協議会等の福祉団体において,専門的・技術的な仕事に従事する者。介護支援専門員,社会福祉士,介護福祉士等)」は,「専門的・技術的職業従事者」のうちの「社会福祉専門職業従事者」に分類されている。訪問介護員は「ホームヘルパー」として,「サービス職業従事者」のうちの「家庭生活支援サービス職業従事者」に含まれている。職業分類上のホームヘルパーは,「在宅介護サービスを提供する団体等からの指示等により,身体上又は精神上の障害があるために日常生活を営むのに支障がある者の居宅を訪問し,その者に対する入浴,排せつ,食事等の介護その他の日常生活を営むのに必要な便宜等を供与する仕事」と規定している。

　福祉事務所や社会福祉施設で働く人たちは専門的・技術的職種に分類されるが,要介護高齢者の居宅サービスの中心となる訪問介護員等についてはサービス職業従事者の扱いとなっている。福祉・介護マンパワーが従事する要介護高齢者に対するサービスの提供は,広義にはサービス業となろう。その職業上の分類は,専門的・技術的職種であるが,もう一方ではサービス職種に位置づけられているのである。

　さらに,福祉・介護マンパワーの働き方すなわち雇用・就業形態,あるいは活動の仕方により,福祉・介護サービスに従事する人たちは広範な広がりをもっており,その実相は複雑である。それは,福祉・介護サービスの供給形態の多様化に起因している。たとえば,訪問介護員にしても,介護老人福祉施設や社会福祉協議会等の社会福祉法人に雇用されている正職員,パートタイマー,嘱託職員,契約や登録型ヘルパーがいる。他方では,営利企業に雇用されている正社員の場合もあれば,登録型や契約型のヘルパーもいるのである。また,地域住民による自発的な地域住民による任意団体に所属していることもあれば,特定非営利活動法人の認証を受けている,いわゆる福祉NPOで家事援助サー

ビスを提供する人たちもヘルパーといわれる。その多くは, いわゆる有償ボランテイアである。

通常の有給労働つまり賃金を得る雇用・就業形態と, いわゆる「ボランティア」にまたがる中間領域の「働き方・活動の仕方」がある。福祉 NPO における「働き方・活動の仕方」には,「有給労働」の領域では, 福祉 NPO 団体の活動のミッションや社会的意義に共鳴し「一般労働市場よりも低賃金で働く有給職員」や「有給職員によるボランティア残業, 休日出勤」がある。あるいは,「ボランティア」の領域では,「謝礼金を受け取るボランティア」「経費の実費弁済分を受け取るボランティア」「純粋無償のボランティア」などが挙げられる[1]。

ともあれ, 要介護高齢者への福祉・介護サービスを提供する供給主体は多様であり, さらにそれは職業労働（フルタイム労働やパートタイム労働まで），有償ボランティアそして無償ボランティアまで, 幅広い雇用・就業形態そして活動形態の多様な福祉・介護マンパワーによって支えられているのである。

■福祉・介護マンパワーの多面性

さて, 福祉・介護マンパワーに対しては, 介護保険施設等で働く場合, 福祉・介護サービス職として必要な専門的な知識や技術が当然要求される。福祉専門職としての高度で専門的な知識や技術の保有を証明するものとして（すべてではないにしても）社会福祉士や介護福祉士の国家資格制度が用意されている。さらに, 法令上の人員配置の面で, 上記の社会福祉関係の諸資格や訪問介護員の養成研修課程を修了していることが採用の際の要件にされていたり, 職員配置上の条件として求められることもある。高齢者介護の「業界」において各種の資格等の所持が重視されるようになってきていることは確かである。

それ以外にも求められる「能力」あるいは「素養」といったものがある。それは, 福祉・介護の現場からの声としてよくいわれていることであるが,「人間的」側面とでもいうべきものである。すなわち,「豊かな人間性」そして

「人柄」や「熱意」あるいは「情熱」といった客観的な基準の設定が難しく，主観的に左右されやすい「人間性の諸側面」である。福祉・介護サービスの仕事はモノや機械を相手にするのではなく，人間を対象としている。サービスを提供するのも人間である。利用者個々の主観的なレベルでの「思い」や「願い」を受け止め，言うなれば「血の通ったサービスの提供」には，サービスを提供する側にも，その「願い」や「思い」を理解し受け止めるだけの成熟した人間性が当然求められてこよう。どのようなサービスであれ，信用できない，信頼のおけない人からのサービスの提供は忌避されるからである。要介護の高齢者は，たとえば介護保険施設では自分の生命，人生そして生活のほとんどすべてを援助する人たちに依存している。要介護高齢者にとって自分のことを「大切に思い」，あるいはできるかぎり「尊重していこう」としていない福祉・介護サービス職からのサービスの提供は，根底的なところからは受け入れられないであろう。

　福祉・介護マンパワー，なかでも職業として従事する福祉・介護サービス職には，客観的な評価の難しい属人的要素が求められると同時に，専門性や一定の資格の所有も期待されている。たしかに，社会福祉の実践論の立場から，さまざまな福祉・介護サービスが人間と人間との関係を介在して提供されるという点を考えるならば，「対人サービス業」としての福祉・介護サービスに関わる「労働」は，その専門職的な職種であると同時に，「人間的な側面」を抜きにしては考えられないのである。

　他方で，福祉・介護サービスの「労働」に従事するには，資格制度や研修養成課程修了といった「要件」が課せられることがあるが，同時に，その業務に関して家事や介護の経験があれば誰でも容易に参入できるのではないかと安易に考えられている面もある。つまり，福祉・介護サービスが家事労働の延長線上にあると見なされ，その専門性の強調に疑義がもたれているといったこともある。

　このように，福祉・介護サービスの「労働」は，「専門職」と「家事労働の

延長」、あるいは「高度な専門性」と「人間性」といった，多角的・多面的な側面をあわせもっているのである。この背景には，さまざまなサービス供給主体が提供しているサービス内容やその水準，雇用・就業形態の多様性，資格制度の成熟度合いなどが考えられる。さらに，福祉・介護サービスそれ自体に対する社会的評価が定まっていないこと，必ずしも十分なコンセンサスが得られていないからでもあろう。福祉・介護サービスの業務は，一見すれば，それは家事労働の延長線上にあるように見受けられるのは確かである。要介護高齢者やその家族に対峙するとき，人間的な側面が大きく影響することも事実であろう。それ以上に，高度の専門性が必要であるにもかかわらず，専門職であることを客観的に示すことのできない現状にその要因があろう。

2. 福祉・介護サービス従事者数の現在と今後の見込み

■社会福祉マンパワーの増加

　社会福祉の世界は広い。「老人福祉」にしても，要介護高齢者のための福祉・介護サービス以外にも，健康的で自立した生活を過ごすための高齢者対象の社会参加活動や生きがいサービスがある。子どもを対象にした児童福祉，さらには心身にハンディキャップをもった障害児や障害者に対する障害児・者福祉もある。あるいは，公的な福祉行政機関である福祉事務所や児童相談所の職員等も社会福祉マンパワーのなかに当然含まれる。また，地域福祉の中核的機関である社会福祉協議会の職員も社会福祉マンパワーである。

　表4-1には，厚生労働省の「社会福祉施設等調査報告」や「地方公共団体定員管理調査」「福祉事務所現況調査」「社会福祉協議会活動実態調査」等により，社会福祉施設職員，訪問介護業務に従事する人員，そして福祉事務所や児童相談所の職員等の社会福祉のマンパワー数が示されている。

　これによると，社会福祉施設職員と訪問介護員等を合計した社会福祉領域の

表4-1　社会福祉マンパワー数の年次推移

(単位：人)

	1995 (平成7)年	1997 (平成9)年	1999 (平成11)年	2000 (平成12)年	2001 (平成13)年	2002 (平成14)年	2003 (平成15)年
総　　数	969,989	1,079,790	1,243,531	1,377,655	1,422,749	1,412,269	1,544,298
社会福祉施設職員	763,088	827,189	936,058	1,061,366	1,068,281	1,015,980	1,088,041
ホームヘルパー	95,578	136,661	176,450	177,909	233,840	272,411	328,659
その他	111,323	115,940	131,023	138,380	120,628	123,878	127,598

出所：㈶厚生統計協会『国民の福祉の動向』各年より

　マンパワー数は1995（平成7）年の時点で約97万人であったのが，1997（平成9）年には100万人の大台を超え，その後も毎年急速に増えている。そして，2003（平成15）年には約154万人となっている。10年に満たない期間であるが，約1.6倍に増加している。社会福祉施設職員とホームヘルパーともに大幅に増え，ホームヘルパーは約3.4倍となっている。

　しかしながら，表4-1には，これまで議論の対象にしてきた要介護高齢者にサービスを提供する福祉・介護サービス職のすべてが含まれているわけではない。記載されているのは，老人福祉施設職員を含めた社会福祉施設職員，福祉事務所や児童相談所等の社会福祉行政機関の職員，社会福祉協議会の職員，そして訪問介護員などに限られている。この表には，介護老人保健施設や介護療養型医療施設において福祉・介護サービスを提供しているマンパワーは含まれていない。したがって，全容をみるには，要介護高齢者に対して福祉・介護サービスを提供している人たちを加えなければならない。

　また，この他に，後述するのであるが，金銭的な対価の獲得を第一義的な目的としない，住民参加型団体等で要介護高齢者やその家族に対して介護サービスや家事援助サービスを提供する，広範なボランティア層が存在する。福祉NPOにおいて福祉・介護サービスの活動に従事する人たちも，広義の社会福祉マンパワーに加えなければならないであろう。よって，トータルとしての社会福祉マンパワー数は，この数値よりもさらに多くなる。

■福祉・介護サービス職の従事者数

　要介護高齢者に対し，福祉・介護サービスを提供するマンパワー数の現状をみていこう。次に示す表4-2と表4-3は，厚生労働省の「介護サービス施設・事業所調査」ならびに「社会福祉施設等調査報告」に基づいた数値である。表4-1とは異なり，これらの表では社会福祉協議会の職員や福祉事務所の福祉行政職員等は含まれていない。

　表4-2をみていくと，2005（平成17）年10月時点の福祉・介護サービス職の実人員数は，社会福祉領域全般で約328万人である。社会福祉の分野別では，老人分野に従事する者がもっとも多く約197万人で，全体の約6割を占めている。老人分野のサービス形態の別では，施設サービス領域に従事する者が約65万人，在宅サービス領域に従事する者が約132万人である。実人員数ベースでみた場合，老人分野においては，在宅サービス領域で働く人たちの数が施設

表4-2　福祉・介護サービス職の実人員－2005（平成17）年10月－

（単位：人）

分　野	総　数	サービスの形態		職　種	
		施　設	在　宅	主な職種	その他
合　　計 （100.0%）	3,276,555	862,171	2,414,384	1,891,386	1,385,169
老人分野 （60.2%）	1,971,225	654,872	1,316,353	介護職員 1,144,705 うち介護保険事業は 1,124,691	826,520
障害者分野 （20.5%）	671,718	129,457	542,261	介護職員 372,855	298,863
児童分野 （17.0%）	556,008	24,547	531,461	保育士 343,586	212,422
その他 （2.4%）	77,604	53,295	24,309	介護職員 30,240	47,364

出所：厚生労働省資料による（「介護サービス施設・事業所調査」「社会福祉施設等調査報告」に基づくデータ）

表4-3 福祉・介護サービス職の常勤換算数－2005(平成17)年10月－

(単位：人)

分野	総数	サービスの形態		職種	
		施設	在宅	主な職種	その他
合計 (100.0%)	2,083,295	709,661	1,373,634	1,199,183	884,112
老人分野 (61.9%)	1,289,167	533,267	755,900	介護職員 756,454 うち介護保険事業は 738,910	532,713
障害者分野 (13.5%)	281,048	111,015	170,033	介護職員 102,387	178,661
児童分野 (21.9%)	455,382	21,373	434,009	保育士 313,809	141,573
その他 (2.8%)	57,698	44,006	13,692	介護職員 26,533	31,165

出所：表4-2と同じ

サービス領域で働く人たちの約2倍となっている。

　老人分野における主たる職種は介護職員である。その数は実人員ベースで，約114万人である。そのうち，介護保険事業分野に従事している介護職員は約112万人である。老人分野の介護職員は，そのほとんどが介護保険制度下において仕事に従事していることが確認できる。つまり，老人分野の福祉・介護サービス職を議論する場合，介護保険制度の制度的な制約を前提にしなければならないのである。なお，直接的な介護サービスに従事する介護職員以外に，老人分野では約83万人が働いている。

　ともあれ，実人員ベースでは，要介護高齢者に直接的な福祉・介護サービスを提供する従事者数は約114万人であり，これに直接的な福祉・介護業務以外の業務に従事するマンパワーまで加えると，総数ではおおむね200万人ということになる。

　次に，表4-3の常勤換算数[2]から福祉・介護サービス職の人員数をみてい

くと，福祉・介護サービス職の総数は約208万人となり，そのうち老人分野は約129万人である。常勤換算数ベースでも，老人分野の従事者数は，社会福祉分野全体の従事者数の約6割強を占めていることになる。老人分野のサービス形態の別では，施設サービス分野の従事者数が約53万人，在宅分野が約75万6千人である。常勤換算数ベースでみても，在宅サービス分野の従事者数の方が，施設サービス分野の従事者数よりも多くなっている。

老人分野について，主たる職種である介護職員についてみていくと，常勤換算数ベースで約76万人である。そのうち介護保険事業従事者が約74万人である。直接的な福祉・介護サービス以外の業務に従事している人たちは約53万人である。常勤換算数ベースでみた場合，要介護高齢者を対象にした福祉・介護サービス職の人員数は約129万人ということになる。

さて，福祉・介護サービス職について，上記のように実人員ベースと常勤換算数ベースにより従事者数を比べると，「総数」において約120万人の差異がある。この人員数の差は，社会福祉領域全体の福祉・介護サービス職が，常勤以外の雇用・就業形態のもとで働いている人たちによって支えられていることを表している。これを，「老人分野」に限ってみると，実人員ベースで約197万人，常勤換算数ベースで約129万であり，やはり専任の常勤者以外の「非常勤」の雇用・就業形態で働く福祉・介護サービス職が多数存在する。概算であるが，少なくとも，老人分野の福祉・介護サービス職のうち約35％は「非常勤」ということになる。同様に，「老人分野の施設サービス」では，実人員数が約66万人，常勤換算数ベースが約53万人であり，この分野では専任の常勤者の占める割合の高いことが推測される。しかしながら，「老人分野の在宅サービス」になると，実人員数ベースで約132万に，常勤換算数ベースで約76万人となり，「非常勤」の雇用・就業形態で福祉・介護サービスの職に従事者する者の方が多数を占めている。

ともあれ，福祉・介護サービス職の雇用・就業形態の面で「非常勤」の形態で就労している人たちが多数いることが確認できる。要介護高齢者に対する福

祉・介護サービス職は「非常勤」の雇用・就業形態の従事者によって支えられていることに留意しなければならない。

■増加する福祉・介護サービス職

ところで，表4-4には，福祉・介護サービス職の従事者数について，ここ数年間の推移を実人員ベースで示してある。これによると，社会福祉分野全体では，1993（平成5）年の約71万人から2005（平成17）年には約328万人にまで，急速に増加している。10年強の間に，福祉・介護サービス職の従事者数は，実人員ベースでみていくと，約4.6倍に増えている。老人分野に関しては，1993（平成5）年の約17万人から2005（平成17）年には約197万人に増加し，約12倍の増加ということになる。このように，人口高齢化を基調として，要介護高齢者等にサービスを提供する福祉・介護サービス職の従事者数は急速に増加しているのである。ただし，その雇用・就業形態を勘案した場合，「非常勤」として働く人たちも多数含まれていることに留意しなければならない。それは，「雇用の安定性」の面で問題を提起することになる。

表4-4 福祉・介護サービス職実人員の推移

（単位：人）

	1993（平成5）年	2000（平成12）年	2005（平成17）年
合　　計	710,011	1,699,075	3,276,555
老 人 分 野	167,898	1,048,681	1,971,225
障 害 者 分 野	130,254	159,550	671,718
児 童 分 野	373,892	447,013	556,008
そ の 他	37,967	43,831	77,604

出所：表4-2と同じ

■福祉・介護サービス職の増加の推定

　福祉・介護サービス職は，雇用・就業形態等の労働条件の面で問題を抱えつつも，その従事者数は急速に増加してきている。ここでは，介護保険事業に従事している介護職員に関して，これからの増加見込み数についてみていこう。

　表4-5は，介護保険事業において，今後必要となる介護職員数の推計（常勤換算数）である。4つのシュミレーションが示されている。Aのケースは，各種の介護予防事業の「予防効果なし」の場合の要介護認定者数（要介護者と要支援者の両方を含む）である。Bのケースは，各種の介護予防事業の「予防効果あり」の場合の要介護認定者数である。Cのケースは今後の介護保険利用者数の増加に応じた介護職員数の推計である。Dのケースは後期高齢者数の伸びを基準にした場合の介護職員数の推計値である。

　2004（平成16）年の介護職員（65.8万人）を基準に，4つのケースについてみていくと，Aのケースつまり「介護予防事業の効果がない」の場合は，2008（平成20）年で83.5万人，2011（平成23）年で93.1万人，そして2014（平成26）年では約102.7万人の介護職員が必要となるものと見込んでいる。Bのケースつまり「介護予防事業の効果あり」の場合は，同じく2014（平成26）年では約

表4-5　介護保険事業に従事する介護職員数（常勤換算数）の推計

(単位：万人)

	2004(平成16)年	2008(平成20)年	2011(平成23)年	2014(平成26)年
Aのケース	65.8万人 うち 施設：26.8 在宅：39.0	83.5	93.1	102.7
Bのケース		80.2	86.7	96.3
Cのケース		81.9	88.1	97.7
Dのケース		76.5	84.8	90.7

注：2004（平成16）年の介護職員数（65.8万人）を基準に算出。なお，介護職員は，介護保険施設および居宅サービス事業所等における従事者のうち，介護福祉士，訪問介護員等の介護関係業務に従事する者をいう。
出所：表4-2と同じ

96.3万人の介護職員が必要であるとしている。さらに、Cのケースである「介護保険利用者数」の今後の伸びからの推計では、2014（平成26）年で97.7万人となり、Dのケースである75歳以上の後期高齢者人口の増加傾向からの推計によると、2014（平成23）年で90.7万人の介護職員を見込んでいる。

いずれのシュミレーションでも、2014（平成26）年段階では、常勤換算数ベースで約90万人から100万人規模の介護職員が必要となる。これは、今後10年間に約25万人から約37万人の介護職員を新たに確保しなければならないことになる。年間ベースでは、平均して毎年2.5～3.5万人程度の増員を見込むことになる。ただ、後述するように、福祉・介護サービス職は全般的に職場の定着率が低く、離職者分も含めるとなると、さらに多くの介護職員を養成・確保していく必要性がある。

さらに問題がある。表4-5による推計は常勤換算数ベースであり、実際に必要となる介護職員はこれよりもさらに多くならざるを得ない。表4-6には、実人員ベースによる介護職員数の推計値を示してある。

Aのケースでは、2004（平成16）年時点で介護職員の実人員総数が100.2万人であったのが、2008（平成20）年では127.1万人、2011（平成23）年には141.7万人、そして2014（平成26）年には156.4万人になるものと推計している。Bのケースでは、2008（平成20）年で122.2万人、2011（平成23）年で132.0万人、そして2014（平成26）年では146.6万人と見込んでいる。Cの介護保険利

表4-6　介護保険事業に従事する介護職員数（実人員）の推計

(単位：人)

	2004（平成16）年	2008（平成20）年	2011（平成23）年	2014（平成26）年
Aのケース	100.2万人 うち、 施設：29.8 在宅：70.4	127.1	141.7	156.4
Bのケース		122.2	132.0	146.6
Cのケース		124.6	135.9	150.8
Dのケース		116.4	129.1	138.1

出所：表4-2と同じ

用者数の伸びからは，2014（平成26）年で150.8万人が必要と見込まれている。最後に，Dの後期高齢者数の伸びの推計では，2014（平成26）年で138.1万人の介護職員が必要と推計している。

4つのケースの推計によれば，2014（平成26）年段階の介護職員数は実人員ベースで約138万人から約156万人程度となる。これは，今後10年間で，約38万人から約56万人の介護職員を新たに確保しなければならないことを意味している。年間平均では4.0～5.5万人程度の増加が見込まれることになる。離職者分も含めるとなると，これをはるかに上回る人数の介護職員を養成・確保しなければなない。はたして，それは可能なのであろうか。

厚生労働省による介護職員数の推計は，基準時点のサービス水準を前提にしている。したがって，サービスの水準を向上させた場合，必要となる福祉・介護サービス職の人数はさらに増えてくることになる。たとえば，居宅介護サービスについて，北欧のデンマークに比べると，訪問介護員（ホームヘルパー）数はその4分の1弱である。また，高齢者の介護施設の定員はデンマークの半分程度である。（下野，2003：57～59）つまり，デンマーク並みのサービスの水準を求めるとすると，施設サービスでは2倍，居宅介護サービスについては4倍の従事者数が必要になる。

現在のサービス水準を維持するための人員の確保も難しいが，それを満たしたとしても，北欧の水準には到底達しないのが現状である。

3．福祉NPO活動による福祉・介護サービス「労働」の広がり

■福祉NPOの活性化による福祉・介護サービスの広がり

介護保険制度に基づく福祉・介護サービスの供給主体として，多数の営利法人が事業参入している。消費市場としての福祉・介護サービス市場は，一部で

は「営利法人化」の様相さえ呈しているといえる。

　他方，福祉 NPO による要介護高齢者向けの福祉・介護サービス活動も活性化している。福祉 NPO には，特定非営利活動促進法に基づき法人として認証された「NPO 法人」と法人化していない任意団体のままの NPO がある（以下，福祉 NPO と総称する）。福祉 NPO による介護サービスや家事援助サービス等の諸活動は，とりわけ大都市部を中心に広範な広がりをみせている。福祉 NPO ではサービスを提供する活動参加者や組織を維持運営する事務スタッフ等において，「有償ボランティア」をはじめとした，賃労働とは異なるカテゴリーの「働き方」あるいは「活動形態」がみられる。福祉 NPO の世界には，有給の賃金労働と無償ボランティアにまたがる広範な中間領域に，さまざまな「働き方」あるいは「活動形態」が存在している。

　福祉 NPO において福祉・介護サービスを要介護高齢者に提供する人たちの「働き方」や「活動の仕方」は多様であり，これらの人たちによって福祉 NPO の諸活動は支えられているのである。そして，彼らあるいは彼女たちの活動は，要介護高齢者に介護サービスや家事援助サービスを提供しているという点において，そして賃金ではないが有償であるという点で，それが介護保険制度に基づくサービスであるか否かにかかわらず，「広義」の福祉・介護サービス労働市場の一部を形成するとみることができる。

■福祉・介護サービスを提供する NPO スタッフと事業規模

　福祉 NPO などを対象にした 4 つの調査研究から，福祉 NPO の事業運営に従事する役職員等のスタッフ，そして実際のサービスの提供活動に参加する人員構成から，事業体としての規模について平均的な全体像をみていこう。ただし，個々の団体には組織発足時の経緯やその歴史，そしておかれている条件などにより，その事業規模や事業展開には大きな違いのあることに留意しなければならない。

　さて，表 4-7 によると，福祉 NPO の組織運営に従事する役員等の平均的

表4-7 福祉NPOの事業運営スタッフ数

(単位:人)

調査の名称等	2005(平成17)年度市民活動団体基本調査(内閣府国民生活局)	2004(平成16)年度住民参加型在宅福祉サービス団体活動実態調査(全国社会福祉協議会)	2005(平成17)年NPO法人アンケート調査(経済産業研究所)	2004(平成16)年就業形態の多様化と社会労働政策(労働政策研究・研修機構)
組織運営に従事する役職員等のスタッフ	平均役員数:9.6 　有給 0.7 　無給 8.9 平均職員数:6.6 　有給 5.0 　無給 1.6 　有給常勤 1.8 　有給非常勤 3.2 　無給常勤 0.4 　無給非常勤 1.2 職員「0人」法人19.5%, 「1～4人」法人29.2%	事務所「あり」81.5%。 (住民互助型77.6%)	事務局スタッフの平均人数:4.9 　有給常勤 1.6 　有給非常勤 1.6 　無給常勤 0.4 　無給非常勤 1.4 事務局スタッフ 「あり」68.0% 「なし」29.7%	平均役員数:8.96 　有給 0.46 平均職員数: 　有給職員:4.43 　　正規:1.40 　　非正規:2.95 　　出向:0.08
活動参加者等からみた事業規模	社員数(法人構成員で議決権あり)30人未満46.7% 社員数 　平均値:74.8 　中央値:19.0 社員以外の会員数: 　平均値10.9	1団体あたり「担い手登録者数」 平均100.0(住民互助型67.9)	議決権を有する正会員数の平均 　個人:99 　団体:5 賛助会員 　個人:29 　団体:3 1団体月平均ボランティア66.2(保健・医療・福祉61.4)	ボランティア 11.73 　有償:3.34 　無償事務局:1.33 　無償その他:7.06

出所:拙稿「拡大する福祉・介護労働」染谷俶子編『福祉労働とキャリア形成』ミネルヴァ書房,2007年

な人数は9人ないし10人弱のようである。そのうち有給者は1人弱であり,圧倒的に無給役員が多くなっている。日常的な組織運営をつかさどる事務局スタッフ等の職員数については,1団体あたり5～7人程度が平均的なようである。ただし,そのすべてが有給の常勤形態ではなく,無給もしくは有給にかかわらず非常勤形態の職員が少なくない。このように,組織運営を担当する役職員に有給の者が多くはなく,まして正規の雇用形態や常勤形態の就労形態にある者はごく限られている。さらに,組織運営に欠かせない常設的な事務局を設

置していない，専従の職員スタッフを配置していない団体も少なくないのである。

活動参加者数による事業規模についてであるが，団体としての正規の法人構成員は70～100人弱が平均的な姿のようである。実際にサービスの提供に従事する活動参加者は，多くても数10人から100人規模となっている。福祉・介護サービスの提供を主たる事業とする「住民参加型団体」についてみても，活動参加者の数の平均は100人である。むろん，なかには多数の専従スタッフを配置する大規模組織もあろうが，全般的な平均像としては，中小零細企業規模の事業体ということになる。

■福祉NPOの従事者数の全国推計

消費市場として広義の福祉・介護サービス市場を形成する福祉NPOには，何人ぐらいの人たちがサービス提供の活動に従事しているのであろうか。表4－8には，（独立行政法人）経済産業研究所が実施した「2005（平成17）年NPO法人アンケート調査」に基づいた「NPO法人の全国規模の推計」の結果が示されている。これによると，2005（平成17）年12月末現在，NPO法人の「収支規模」は約2,815億円，「有給常勤スタッフ数」は約3万9,200人，「有給非常勤スタッフ数」は約3万8,400人と推計している。有給形態のNPO活動

表4－8　NPO法人の全国規模の推計－保健・医療・福祉分野－

	全体	保健・医療・福祉
2005年12月現在の団体数	24,763	14,092
収支規模（年，千円）	281,459,798	165,480,450
有給常勤スタッフ数（人）	39,235	18,539
有給非常勤スタッフ数（人）	38,411	24,251
正会員数推計（人）	2,778,409	842,663
月間活動参加者数推計（人）	1,640,053	587,203
年間活動参加者数推計（人）	19,680,642	7,046,438

出所：（独立行政法人）経済産業研究所「2005年ＮＰＯ法人アンケート調査」より

スタッフは合計すると約8万人弱となる。さらに,「正会員数(法人構成員として総会において議決権を有する者)」は推計で約278万人,「年間活動参加者数」にいたっては延べで2,000万人に迫るものと推計している。この推計において,「保健・医療・福祉」を主たる活動分野とする福祉NPOに限ってみると,「収支規模」は約1,655億円である。

表4-9から,「保健・医療・福祉」分野のNPO法人の1団体当たりの「有給常勤スタッフ数」は1.9人,「有給非常勤スタッフ数」は2.5人である。また,正会員数の推計は88.0人,月間活動参加者数は61.4人である。これを全国規模の人数に換算すると,「有給常勤スタッフ数」は約1万8,539人,「有給非常勤スタッフ数」は約2万4,251人と推計している。つまり,経済産業研究所の推計による,保健・医療・福祉サービスの活動に従事する有給のスタッフ数の合計は約4万3千人となる。

有給労働の人数は介護保険制度に基づく各種の福祉・介護サービス職の従業者数に比べ,けっして多くはないが,活動参加者は数十万人規模であることに留意すべきであろう。これらの活動者たちは多くの場合,有償ボランティア[3]として活動するため,賃金ではないが,それに変わる「報酬」を得るという点では「広義」の福祉・介護サービス労働市場の一部を形成することになる。

このように,福祉NPOにおいて介護や家事援助サービスの活動の担い手が

表4-9 NPO法人のスタッフ数の推計

	全体	保健・医療・福祉
有給常勤スタッフ数 ① (人)	1.6	1.9
有給非常勤スタッフ数 ② (人)	1.6	2.5
正会員数 (人)	112.2	88.0
月間活動参加者数 (人)	66.2	61.4
分野別法人数推計 ③	24,763	9,571
有給常勤スタッフ数推計 ①×③ (人)	39,253.3	18,539.3
有給非常勤スタッフ数推計 ②×③ (人)	38,411.4	24,251.2

出所:(独立行政法人)経済産業研究所「2005年NPO法人アンケート調査」より

増えつつある。その活動の仕方は，ボランティアと称しながらも，実際には有償ボランティアのように実質的な意味での「報酬」を伴っている者も少なくない。これらの福祉NPOの活動者も含め，福祉・介護マンパワーの広範な労働市場が形成されている。そして，その人数は拡大しつつある。

注

1) 労働政策研究・研修機構『NPO有給職員とボランティア』2006年, p.3。「有償ボランティア」をボランティアに分類することは正確ではない。ボランティアはあくまでも無償の行為である。「有償ボランティア」の拡大は，職業として福祉・介護サービスの職に従事している者の賃金や労働条件を引き下げる可能性が論理的にはありうる。
2) 常勤換算数とは，常勤者の兼務，非常勤者について，その職務に従事した1週間の勤務時間を当該施設・事業所の通常の1週間の勤務時間で除した数（常勤換算）と常勤者の専従職員数の合計である。
3) 全国社会福祉協議会ボランティアセンターによると，2004（平成16）年4月でボランティア団体数123,300団体，団体所属ボランティア数が約741万人，個人ボランティアは約38万7千人である。

第5章

福祉・介護サービスの市場化

　介護保険制度の導入は，要介護高齢者に対する福祉・介護サービスを，市場の原理により提供するシステムへと変更させた。それまで，措置制度のもとで提供されていた福祉・介護サービスは，利用者とサービス事業者との契約に基づく社会保険制度へと変わったのである。

　本章では，市場化する福祉・介護サービスについて，消費市場ならびに労働市場の視点から分析と考察を加えていく。

1. 福祉・介護サービスの市場化

■「市場化」する福祉・介護サービス

　要介護の高齢者を対象とする福祉・介護サービスの多くは，介護保険制度が導入されるまでは，措置制度のもとで運営され種々のサービスが提供されてきた。たとえば，特別養護老人ホーム（介護老人福祉施設）や養護老人ホームへの入所により介護サービスや食住等の生活支援サービスを受けるには，措置権者による「措置」という行政処分を経なければならなかった。措置制度[1]によるサービスの提供は，利用者本人や扶養義務者からの費用徴収制度[2]はあるものの，その費用は税によって賄われ，サービス内容やサービスを供給する事業所は行政が職権により決定していた。サービスの供給主体にしても市町村等の行政部門を除くと，民間部門としては社会福祉法人など一部に開放されていたにすぎない。そこには，「市場」は形成されていなかったといってよい。

ところで，措置制度の歴史は，さかのぼれば明治時代に始まっている。その源流は，「優良な救済事業を行う施設や団体に対して，内務省が奨励金や助成金を下付し，奨励策を講じた」（措置費問題等検討委員会報告，2001：90）のが公的な補助の始まりといわれている。

要介護高齢者向けの福祉・介護サービスの提供そして充実の面で，措置制度の果たしてきた役割には計り知れないものがある。十分とはいえないにしても，あるいは画一的であると批判されるにしても，全国的レベルで最低基準として一定のサービス範囲と内容が確保されてきた。また，公設はもとより民間の社会福祉法人立の社会福祉施設経営においては，措置（委託）費はミニマムの意味での経営安定機能を果たしてきたといえる。

しかしながら，同時に，その問題点も指摘されてきた。措置制度の短所としては，①サービスや入所・利用施設の選択権・請求権がないこと，②ニーズの高度化・多様化・個性化等のサービスの質の変化に迅速に対応できないこと，つまり，ともすれば画一的硬直的なサービスの提供になること，③最低基準の充足を上回ることが少なく，ともすればサービスの提供が下ならしされてしまうこと，④措置（委託）費や補助金等により事業収入が確保されるため，事業経営の効率化への努力がなされないこと等である（措置費問題等検討委員会報告，2001：125～130）。

介護保険制度が導入されることにより，福祉・介護サービスの提供方法は，介護サービスに限定されるのであるが，大きく変更されることになった。この変化の一側面が「市場化」ということになる。というよりも，政策当局は，福祉・介護サービスに市場原理を導入することによって，サービスの供給システムを契約制度・利用制度へと転換しようとした。契約による利用者の選択権の確保，サービスを供給する事業者間の競争，事業経営や運営の透明性の確保により，福祉・介護サービスの質の向上や事業の効率化を意図していたといえる（佐橋，2006：3）。

介護保険制度の導入による福祉・介護サービスの市場化において，介護保険

制度に基づく諸サービスの提供に関しては，次のようなシステム変更が行われている。すなわち，①措置制度から契約制度への転換による利用者の選択権・決定権である。ただ，地域によっては，サービス供給主体が少なく「選択の余地がない」こともあり，また介護保険施設では入所待機という現実的な問題もあり，選択権が十分に行使できているとはいえない。②措置による行政処分（実際には，相談・申請）から要介護認定申請への変更である。これにより，介護保険制度では，認定結果に不服がある場合，介護保険審査会に不服を申し立て審査請求できることになっている。③多様な事業者の参入により，顧客としての要介護高齢者確保のための事業者間の競争が発生することとなった。それまでのサービス供給主体は，地方公共団体や社会福祉法人等にほぼ限定されていた。農業協同組合などが要介護高齢者向けの福祉・介護サービスを提供したり，行政の委託事業として株式会社がサービス供給主体となることはあったが，介護保険制度では株式会社等の営利法人を中心に多様な法人種別の事業者が福祉・介護サービス市場に本格的に参入してきた。営利法人が事業参入を制限されているのは，介護保険施設，短期入所療養介護などの一部の居宅医療系のサービスにすぎない（山本，2003：2～3）。結果として，居宅介護サービスでは営利法人事業所が多数参入し，福祉・介護サービス市場には社会福祉法人という公益法人と，株式会社という営利法人が同一市場で混在することになった。④措置制度の下での事業収入は措置（委託）費という税によって賄われていた。社会保険制度である介護保険制度では事業収入は介護報酬へと切り替わった。

このような介護保険制度による福祉・介護サービスの市場化は，「疑似市場」という性格をもっている。

■「疑似市場」としての福祉・介護サービス市場

介護保険制度は社会保険方式によりサービスを供給するシステムであり，営利法人等の民間企業をはじめとした多様な供給主体の本格的な参入を制度化し

ている。また，サービスについての利用者の選択権を内包している。「供給者の競争と利用者の選択が有効」になる仕組み（駒村，2004：213）として，福祉・介護サービスの世界に「市場の原理」が導入された。だが，そこに形成されるのは「疑似市場」と称されるものである。

　駒村によれば，擬似市場はサービスの生産にかかる費用等の財政は税金や社会保険といった公的な資金で賄われる。サービスの利用者は購入権を与えられた「購入者」となり自らサービスの選択権を行使できる。多様な事業者は「供給者」として「購入者」をめぐり競争する（駒村，2004：214）。つまり，福祉・介護サービスの買い手と売り手とが対峙する場として市場が形成されることになる。ただし，そこで供給されるサービスの量，種類，範囲，価格等については，一般的な消費市場とは異なる枠組みをもっている（佐橋，2006）。それは，サービスの需要と供給に関しては，一定の公的規制が課されていることである。サービスの「購入者」になるには，要介護認定を経なければならず，そして認定結果により購入できるサービスの上限額が設定される。「供給者」についても，事業者指定を受け，法令が要求するいくつかの基準を満たしていなければならない。つまり，福祉・介護サービス市場は，サービスの需要と供給の両面において行政等の公的な規制下におかれた「疑似的な市場」として作動することになる。

　また，平岡は，現在の介護保険制度による福祉・介護サービス市場の特徴について，① 供給サイドが営利法人から非営利法人そして地方公共団体まで多様な組織特性や行動原理の異なる組織で構成されていること，② 需要サイドに対しては，原則として9割が保険で給付され，保険財源を含む公的資金が相当程度投入されていること，そして ③ ケアマネジメントという消費者あるいはサービスの購入者に代わる第三者がサービス購入の決定で重要な役割を果たしていることを指摘している（平岡，2006：57）。このような特性を有する疑似市場としての福祉・介護サービス市場は，その公益性を確保するために，どのような公的な規制が設けられているのであろうか。

その際，注視されなければならないのはサービスの供給者に対する規制である。なぜならば，多様な事業者のなかには営利法人も含まれているからである。営利法人の組織原理はまさに利益を追求することである。これ自体は，正当に評価されなければならない。問題は，営利法人の場合，その組織原理において公益性は第一義的な組織目標とはなりえないことである。もし，公益性を優先し，利益の追求を放棄するならば，それはもはや自己否定となってしまうからである。要するに，公的規制の社会的役割は，市場に参入した多様な法人種別の事業者の組織原理と公共サービスとしての公益性とを調整することにある。

公的規制の第1は，すでに述べたように，事業者の指定制度[3]である。指定事業所となるには，施設・設備そして人員の配置等の条件をクリアしなければならない。事業者にとって，もっとも重い公的規制は指定取り消しである。厚生労働省の資料によると，2000（平成12）年4月から2007（平成19）年3月までの，介護保険事業所の指定取り消し等の処分は次のようになっている。合計では478件であり，サービスの種別では訪問介護が167件，居宅介護支援が131件である。この2つのサービス種別で約6割を占めている。この他，通所介護38件，介護療養型医療施設23件，福祉用具貸与20件，訪問看護17件，短期入所生活介護14件，認知症対応型共同生活介護14件などである。法人種別では，営利法人が325件で，次に医療法人が55件，特定非営利活動法人が44件，社会福祉法人が31件である。もっとも指定取り消し等の処分が多かった組み合わせは，営利法人による訪問介護の144件であり，全体の約3割を占める。次が，営利法人の居宅介護支援の88件である。

この他，公的規制としては，サービスの情報開示，都道府県および市町村による実地指導も義務化されている。さらに，サービスに関する苦情処理制度として，事業所に苦情受付担当者や苦情解決責任者をおくとともに，サービス事業者は第三者委員を配置しなければならない。また，都道府県社会福祉協議会には，サービス利用者の苦情を受け付ける運営適正化委員会が設置される。加えて，介護保険審査会に対する審査請求制度がある。これは，介護保険の保険

者の決定や処分に不服のある場合，要介護高齢者等の利用者が都道府県に設置されている介護保険審査会に対して審査請求できる制度である。

2．消費市場としての福祉・介護サービスの拡大

■介護保険制度の保険給付額等からみた市場規模

　消費市場としての福祉・介護サービスの市場規模については，介護保険制度における保険給付額，要介護認定者数や居宅サービスや施設サービスの利用者数などを，その指標とすることができる。

　表5-1により，介護保険制度に基づいて給付される各種の福祉・介護サービスの保険給付額等から市場規模をみていこう。年度累計の「保険給付の費用額」は，介護保険制度が運用を開始した2000（平成12）年度では3兆6,273億円であった。それが，2001（平成13）年度は4兆5,919億円，2002（平成14）年度が5兆1,929億円と，年々増加している。2005（平成17）年度は6兆3,957億円であり，制度運用開始時の約1.8倍の規模にまで拡大している。利用者負担

表5-1　介護保険制度における保険給付額等の推移

	2000 (平成12)年度	2001 (平成13)年度	2002 (平成14)年度	2003 (平成15)年度	2004 (平成16)年度	2005 (平成17)年度
保険給付の費用額（年度累計）	3兆6,273億円	4兆5,919億円	5兆1,929億円	5兆6,891億円	6兆2,025億円	6兆3,957億円
保険給付額（利用者負担分を除く）	3兆2,427億円	4兆1,143億円	4兆6,576億円	5兆990億円	5兆5,594億円	5兆7,943億円
1ヶ月平均の給付費	2,936億円	3,407億円	3,855億円	4,221億円	4,602億円	4,715億円
1人当たり給付費	14.5万円	17.8万円	19.5万円	20.8万円	22.1万円	22.4万円

出所：厚生労働省『介護保険事業状況報告』各年度

分を除いた保険給付額でみても，2000（平成12）年度の3兆2,427億円から，2005（平成17）年度には5兆7,943億円にまで拡大している。1ヶ月単位による平均の給付費からしても市場規模は拡大基調である。消費市場としてみた場合，福祉・介護サービス市場は，拡大傾向が顕著な巨大なサービス市場であることがわかる。この背景には，急速に進行する人口高齢化に起因する要介護高齢者の増加があるが，いま一つは表5-2に示されているように要介護・要支援認定者数の増加とそれによるサービス受給者数の増加が指摘できる。つまり，介護保険制度の社会的認知の広がり，別の言い方をすれば，保険料納付に対する制度利用の権利意識の芽生えも考えられる。いずれにせよ，サービス利用者の増加が，消費市場規模を拡大する要因である。

さらに，表5-1の1人当たりの保険給付額の上昇を指摘できる。1ヶ月平均の給付費は，2000（平成12）年度で2,936億円であったのが，2005（平成17）年度には4,715億円となっている。約1.6倍に増加している。また，要介護あるいは要支援の高齢者等1人当たり給付費についても，2000（平成12）年度で14.5万円であったのが，2005（平成17）年度には22.4万円となっている。このように，1人当たりのサービス給付費つまり利用者単価が高くなることも消費市場としての拡大の一因といえよう。

実は，今般の介護保険制度改正においては，この点が改革のターゲットの一つとなっている。すなわち，介護認定事業者つまり居宅介護支援事業者と各種の福祉・介護サービス提供事業者とが同一であることにより，必ずしも必要性のないサービスの掘り起こしが行われ，保険給付額の増加につながっているのではないか，としてそれを抑制する制度に変更されている。

ともあれ，消費市場としてみた場合，介護保険制度の福祉・介護サービス市場は，制度スタート時点より大幅に拡大しているのである。それは，制度スタート時点を基準にすれば，わずか数年間で，おおよそ1.5倍から1.8倍にまで拡大しているのである。

■福祉・介護サービス利用者の増加

次に,表5-2により介護保険制度における福祉・介護サービスの利用者数の増加という視点から,消費市場としての拡大傾向を確認していこう。要介護・要支援認定者数は,2000（平成12）年度末の制度スタート時点では約256万人であったのが,毎年数十万人程度ずつ増加し,2005（平成17）年度には432.3万人となっている。この間に,約1.7倍に増加している。介護保険制度によるサービス領域を,施設サービス分野と居宅サービス分野とで分けてみた場合,居宅サービス受給者数は2000（平成12）年度の約124万人から2005（平成17）年度には258.3万人へと,2倍以上に利用者は増えている。施設サービス受給者数については,2000（平成12）年度には約60万人のサービス利用者であったのが,2005（平成17）年度には78.7万人に増加している。施設サービスの受給者数つまり介護保険施設の入所利用者の伸びは,この間におおむね3割増といったところである。

つまり,施設サービス受給者数の増加率に比べ,居宅サービス受給者数の増加率の方がはるかに上回っている。介護保険制度のサービス利用者数からみた場合,福祉・介護サービスの消費市場の規模の拡大には,居宅サービス利用者の大幅な増加が寄与していることがわかる。

表5-2 介護保険制度における福祉・介護サービス利用者数等の推移

(単位：万人)

	2000（平成12）年度	2001（平成13）年度	2002（平成14）年度	2003（平成15）年度	2004（平成16）年度	2005（平成17）年度
要介護・要支援認定者数	256.2	298.3	344.5	383.9	408.6	432.3
居宅サービス受給者数	123.6	152.0	184.0	213.6	240.3	258.3
施設サービス受給者数	60.4	65.5	70.0	73.2	76.4	78.7

注：「要介護・要支援認定者数」は各年度末現在,「居宅サービス受給者数」及び「施設サービス受給者数」は各年の1ヶ月平均
出所：厚生労働省『介護保険事業状況報告』各年度

消費市場としての福祉・介護サービス市場をみた場合，居宅サービス市場の拡大が顕著となっている。この背景には，施設サービスである介護保険施設の設置については「市場化」されたとはいえ，公的な規制が厳然とあり，設置者に関しても社会福祉法人等に限定されている。また，施設建設の面で高額な先行投資が必要であり，容易に参入できるというものではない。したがって，施設・設備等について先行投資が少なく，参入が比較的容易な居宅サービス事業の分野で拡大が顕著となっているのであろう。

3．労働市場としての福祉・介護サービスの拡大

■福祉・介護サービスを提供する事業所数の増加
―居宅サービス事業所の著しい増加―

消費市場としての福祉・介護サービス市場は，介護保険制度が運用を開始して以降，急速に拡大している。次に，労働市場としての福祉・介護サービス市場の規模の拡大に関して，福祉・介護サービス事業所数とそこに働く従事者数の推移から確認していこう。

表5-3には，介護保険制度施行後の福祉・介護サービス事業所数の年次推移が示してある。表のサービス分野の分類は，居宅サービス領域の中心となる居宅サービス事業所，居宅介護支援事業所，介護保険施設，そして今般の制度改正で新規に再編・創設された地域密着型サービス事業所ごとに区分けしてある。

居宅サービスの領域では，2000（平成12）年を基点にすると，訪問入浴介護がほぼ横ばいで推移している以外は，いずれのサービス領域でも事業所数は増加傾向にある。「訪問入浴介護」の事業者数が増加していないのは，特殊車両である入浴車を用意しなければならず，また配置人員数の面からも事業運営コストがかかり，新規参入の事業者が少ないためであろう。

表5-3 福祉・介護サービスを提供する事業所数の推移

	2000(平成12)年	2001(平成13)年	2002(平成14)年	2003(平成15)年	2004(平成16)年	2005(平成17)年	2006(平成18)年
居宅サービス事業所							
〈訪問系〉							
訪問介護	9,833	11,644	12,346	15,701	17,274	20,618	20,911
訪問入浴介護	2,269	2,457	2,316	2,474	2,406	2,402	2,240
訪問看護ステーション	4,730	4,825	4,991	5,091	5,224	5,309	5,480
〈通所系〉							
通所介護	8,037	9,138	10,485	12,498	14,725	17,652	19,346
通所リハビリテーション	4,911	5,441	5,568	5,732	5,869	6,093	6,245
〈その他〉							
短期入所生活介護	4,515	4,887	5,149	5,439	5,657	6,216	6,642
短期入所療養介護	4,651	5,057	5,655	5,758	5,821	5,513	5,421
特定施設入所者生活介護	−	−	−	−	904	1,375	1,924
福祉用具貸与	2,685	3,839	4,099	5,016	5,391	6,317	6,050
特定福祉用具販売							5,321
地域密着型サービス事業所							
夜間対応型訪問介護	−	−	−	−	−	−	13
認知症対応型通所介護	−	−	−	−	−	−	2,482
小規模多機能型居宅介護	−	−	−	−	−	−	185
認知症対応型共同生活介護	675	1,273	2,210	3,665	5,449	7,084	8,341
地域密着型特定施設入居者生活介護	−	−	−	−	−	−	26
地域密着型介護老人福祉施設	−	−	−	−	−	−	40
居宅介護支援事業所	17,176	19,890	20,694	23,184	24,331	27,304	27,547
介護保険施設							
介護老人福祉施設	4,463	4,651	4,870	5,084	5,291	5,535	5,719
介護老人保健施設	2,667	2,779	2,872	3,013	3,131	3,278	3,391
介護療養型医療施設	3,862	3,792	3,903	3,817	3,717	3,400	2,932

注：数値は集計施設・事業所分。介護保険制度の改正により，夜間対応型訪問介護等は2006年度からのデータ。なお，介護療養型医療施設は再編の方針により事業所数が減少。
出所：厚生労働省「介護サービス施設・事業所調査」各年10月1日現在。2006年は速報値。

　居宅サービス事業所の領域からみていくと，「訪問系」のサービス事業所では訪問介護は2000（平成12）年で9,833であったのが，2006（平成18）年には

20,911へと増加し，約2.2倍に増えている。訪問看護ステーションは2000（平成12）年に4,730であったのが，2006（平成18）年には5,480へと増加し，約1.2倍に増えている。

「通所系」の在宅サービスにおいては，通所介護は2000（平成12）年に8,037であったのが，2006（平成18）年には19,346となっている。この間に約2.4倍と，事業所数が大きく増えている。通所リハビリテーションは，2000（平成12）年に4,911であったのが，2006（平成18）年には6,245となり，約1.3倍に増えている。

「その他」の居宅サービスに分類されている，短期入所生活介護は2000（平成12）年が4,515であり，2006（平成18）年は6,642となり，約1.5倍に増加している。短期入所療養介護は2000（平成12）年の4,651から，2006（平成18）年の5,421へと，約1.2倍に増加している。特定施設入所者生活介護つまり有料老人ホームにおいて介護保険制度に基づいた介護サービスを提供する事業所は，2004（平成16）年に904であったのが，2006（平成18）年には1,924と約2倍に増加している。福祉用具貸与は2000（平成12）年に2,685であったのが，2006（平成18）年には6,050と，約2.3倍に増えている。特定福祉用具販売は2006（平成18）年からの事業であるが，5,321となっている。

在宅サービス領域の居宅サービス事業所のなかでも，訪問介護，通所介護の事業所数の増加傾向が著しく，また特定施設入所者生活介護や福祉用具貸与の事業所数の増加も顕著である。

介護保険制度改正により新規事業として創設された地域密着型サービス事業所については，それ以前から実施されていた認知症対応型共同生活介護すなわち「認知症高齢者のグループホーム」の事業所数は2000（平成12）年に675であったのが2006（平成18）年には8,341にまで増加している。この間に約12.4倍の増加となっている。驚異的な増加率ということになろう。

居宅介護支援事業所については，2000（平成12）年に17,176であったのが，2006（平成18）年には27,547となり，約1.6倍に増加している。

施設サービス領域では,介護保険施設のうち厚生労働省が再編・削減方針を示している介護療養型医療施設[4]を除き,介護老人福祉施設(特別養護老人ホーム),介護老人保健施設ともに事業所数は増加している。前者の介護老人福祉施設すなわち特別養護老人ホームは2000(平成12)年に4,463であったのが,2006(平成18)年には5,719へと,約1.3倍に増加している。介護老人保健施設は2000(平成12)年に2,667であったのが,2006(平成18)年には3,391に増加している。約1.5倍の増加である。

ともあれ,介護保険制度スタート時点より,事業所数の増大が著しいのは認

表5-4 介護予防サービスの事業所数(2006年10月1日現在)

介護予防居宅サービス事業所	
〈訪問系〉	
介護予防訪問介護	19,093
介護予防訪問入浴介護	1,873
介護予防訪問看護ステーション	5,089
〈通所系〉	
介護予防通所介護	17,873
介護予防通所リハビリテーション	5,736
〈その他〉	
介護予防短期入所生活介護	5,857
介護予防短期入所療養介護	4,908
介護予防特定施設入所者生活介護	1,832
介護予防福祉用具貸与	5,584
特定介護予防福祉用具販売	5,282
介護予防地域密着型サービス事業所	
介護予防認知症対応型通所介護	2,241
介護予防小規模多機能型居宅介護	145
介護予防認知症対応型共同生活介護	7,881
介護予防支援事業所(地域包括支援センター)	3,273

出所:厚生労働省「平成18年 介護サービス・事業所調査結果速報」

知症対応型共同生活介護である。制度創設時点から今日までに約12倍と、驚異的な増加となっている。また、介護保険制度スタート時点で事業所数の多かった訪問介護と通所介護の事業所についても、前者が9,833から20,911に、後者は8,037から19,346へと、この間でそれぞれ2倍強の増加となっている。このように、在宅サービスの領域を中心に事業所は急速に増加しているのである。

　介護保険制度の改正によってスタートした「介護予防サービス事業所」について、2006（平成18）年10月時点の事業所数を表5-4に示してある。介護予防サービスの事業所の多くは、居宅サービス事業所と重複して指定を受けているものと推定される。

　「訪問系」では、もっとも事業所数の多いのが介護予防訪問介護の19,093、次いで「通所系」の介護予防通所介護の17,873である。「介護予防地域密着型サービス事業所」においては、介護予防認知症対応型共同生活介護がもっとも多く7,881である。また、介護予防支援事業所いわゆる「地域包括支援センター」は3,273となっている。

■福祉・介護サービス事業所の従事者数の推移

　福祉・介護サービス事業所の従事者数（常勤換算数）の年次推移を示したのが表5-5である。居宅サービス事業所のうち「訪問系」についてみていくと、訪問介護は2000（平成12）年で76,973人であったのが、2005（平成17）年には184,858人と、約2.4倍に増えている。訪問入浴介護は2000（平成12）年で9,426人であったのが、2005（平成18）年では11,004人である。事業所数の数に大きな変化はなく、従事者数の面でもそれほど増えてはいない。訪問看護ステーションは、2000（平成12）年に22,302人であったのが、2005（平成17）年では26,502人である。こちらは、約1.2倍に従事者数が増えている。

　「通所系」の居宅サービスでは、通所介護は2000（平成12）年で70,949人であったのが、2005（平成17）年では169,502人と、約2.4倍に増えている。介護老人保健施設と介護療養型医療施設が設置主体である通所リハビリテーション

表5-5　福祉・介護サービス事業所の従事者数の年次推移（常勤換算）

(単位：人)

	2000 (平成12)年	2001 (平成13)年	2002 (平成14)年	2003 (平成15)年	2004 (平成16)年	2005 (平成17)年
居宅サービス事業所						
〈訪問系〉						
訪問介護	76,973	104,019	118,178	151,499	160,465	184,858
訪問入浴介護	9,426	10,890	10,836	11,535	10,762	11,004
訪問看護ステーション	22,302	21,534	23,027	24,289	25,444	26,502
〈通所系〉						
通所介護	70,949	83,092	101,350	122,709	144,934	169,502
通所リハビリテーション （老健施設）	−	21,964	23,089	26,217	28,387	29,636
通所リハビリテーション （医療施設）	−	22,172	22,598	22,915	24,052	25,232
〈その他〉						
短期入所生活介護	98,796	51,629	60,484	63,492	70,094	81,229
認知症対応型共同生活介護	4,375	9,566	18,616	35,907	57,918	82,152
特定施設入所者生活介護	−	−	−	−	19,919	29,550
福祉用具貸与	8,800	11,984	14,559	17,005	18,686	23,570
居宅介護支援事業所	32,884	39,991	48,872	51,234	57,813	65,766
介護保険施設						
介護老人福祉施設	168,257	174,875	188,423	202,764	213,893	229,389
介護老人保健施設	137,059	148,753	140,912	151,759	159,860	169,244
介護療養型医療施設	93,736	96,872	110,770	114,050	112,065	99,955

注：通所リハビリテーション（老健施設）と通所リハビリテーション（医療施設）のデータは
2001年から。
出所：厚生労働省「介護サービス施設・事業所調査」各年

（老健施設）と通所リハビリテーション（医療施設）は，2001（平成13）年からのデータであるが，前者は2001（平成13）年で21,964人であったのが，2005（平成17）年では29,636人となっている。介護老人保健施設が実施している通所リハビリテーション（老健施設）の従事者数は，この間に約1.3倍に増えている。介護療養型医療施設が実施する通所リハビリテーション（医療施設）は

2001（平成13）年で22,172人であったのが，2005（平成17）年は25,232人となっている。約1.1倍に増えている。同じ通所リハビリテーションでも介護老人保健施設が実施する事業所の方が，従事者数ともに増加している。

「その他」の居宅サービスでは，認知症対応型共同生活介護が2000（平成12）年で4,375人であったのが，2005（平成17）年では82,152人となり，約19倍に増えている。認知症対応型共同生活介護の事業所に所属する従事者数の増加率は，他の居宅サービス事業所のそれをはるかに上回っている。特定施設入所者生活介護のデータは2004（平成16）年と2005（平成17）年分のみであるが，19,919人から29,550人に，わずか1年間であるが大幅に増加している。この年に，有料老人ホームの類型基準が変更となったのであるが，1年間で従事者数が約1.5倍も増えているのである。福祉用具貸与は2000（平成12）年で8,800人であったのが，2005（平成17）年では23,570人となり，約2.7倍に増えている。

以上のように，居宅サービス事業の領域の従事者数は，訪問入浴介護と通所リハビリテーション（医療施設）を除き，従事者数は増えている。なかでも，認知症高齢者のグループホームである認知症対応型共同生活介護の事業所で福祉・介護サービス職として働いている従事者数は約19倍となっており，その増加率はきわめて大きい。これに次いで，もともと事業所数が多かった訪問介護，通所介護の従事者数がそれぞれ2倍強と増加している。有料老人ホームにおける特定施設入所者生活介護に従事する者の数も急速に増加している。

なお，短期入所生活介護の従事者数は2000（平成12）年で98,796人であったのが，2001（平成13）年には51,629人と大きく減少している。これは，「介護サービス施設・事業所調査」において，それまで含んでいた「空きベッド利用型」を，データから除外したためである。その後，従事者は増加し，2005（平成17）年は81,229人となっている。短期入所生活介護の従事者数も2001（平成13）年を基点にすると，約1.6倍に増えている。

居宅介護支援事業所の従事者数については，2000（平成12）年の32,884人から2005（平成17）年には65,766人へと，約2倍に増えている。

さて，介護保険施設についてみていくと，介護老人福祉施設が2000（平成12）年で168,257人であったのが，2005（平成17）年には229,389人と，約1.4倍に増えている。介護老人保健施設については，2000（平成12）年に137,059人であったのが，2005（平成17）年には169,244人となり，約1.2倍に増えている。介護療養型医療施設の従事者数が，近年，減少傾向にあるのは政策当局の療養病床の再編方針による影響の結果である。

いずれにせよ，介護保険制度によりサービスを提供している事業所の従事者数つまり福祉・介護サービス職の推移をみていくと，労働市場としての側面からも福祉・介護サービス市場が拡大傾向にあることがわかる。施設サービス領域と居宅サービス領域とを比べると，事業所数の場合と同様に，居宅サービス領域において福祉・介護サービス職の人員数が著しく増加しているのである。労働市場としての福祉・介護サービス市場の拡大も，居宅サービス領域における福祉・介護サービス職の増加が大きく寄与している。

さて，表5-5によると，2005（平成17）年時点の居宅サービス分野の従事者数は，常勤換算ベースで合計して約66.3万人である。居宅介護支援事業所の従事者は約6.6万人である。さらに，介護保険施設の従事者数は約49.9万人である。

介護保険制度における要介護高齢者を対象とする各種の福祉・介護サービスに従事する職員数の合計は，常勤換算ベースでは，約122.8万人となる。すなわち，これが介護保険制度に基づいて各種のサービスに従事する福祉・介護サービス職の労働市場としての規模ということになる。ただし，約120万人強の福祉・介護サービス職のすべてが直接的な福祉・介護サービスに従事しているのではない。このなかには，生活相談員や支援相談員といったソーシャルワーカー系の職種，事務職員なども含まれているからである。さらに，この約120万人強という労働市場規模の算定は，常勤換算方式によるものである。登録型職員が多数を占める訪問介護事業所などでは，実際に登録し業務に従事している実人数はこれよりもはるかに多くなるであろう。したがって，福祉・介

護サービスに職業として従事している者の実人員数は，これをはるかに上回ることになる。

そこで，表5－6から，2005（平成17）年時点の実際の介護職員数をみていこう。これによると，介護職員数は訪問介護がもっとも多く約18万人である。次いで，介護老人福祉施設つまり特別養護老人ホームの介護職員が約15万人である。この2つの介護保険事業に，直接的な介護サービスに従事する介護職員の半数近くが集中していることになる。介護職員の総計は約74万人である。福祉・介護サービス職全体のなかで，訪問介護事業や介護老人福祉施設において介護職員として従事している者の数は約4割強となる。

ところで，急速に拡大する福祉・介護サービスの労働市場は，どのようにして，どこから労働力を確保したのであろうか。また，その労働力はサービスの提供の面で，それまでのサービス水準を維持できているのであろうか。以下の章でも論じるように，福祉系の教育機関から一定程度の新規学卒労働力が供給

表5－6　福祉・介護サービス事業所における
介護職員数（2005年10月現在）

（単位：人）

訪問介護	175,089
訪問入浴介護	7,050
通所介護	91,603
通所リハビリテーション（老健施設）	21,272
通所リハビリテーション（医療施設）	14,882
短期入所生活介護	53,085
認知症対応型共同生活介護	73,523
特定施設入所者生活介護	23,070
介護老人福祉施設	147,706
介護老人保健施設	90,239
介護療養型医療施設	41,391

注：常勤換算方式による数値。「訪問看護ステーション」「福祉用具貸与」「居宅介護支援事業所」は該当職種がないため掲載していない。
出所：厚生労働省『平成16年　介護サービス施設・事業所調査』㈶厚生統計協会

されている。この点は，国家資格である介護福祉士の所有者数から確認することができる。

問題となるのは，本書の冒頭で述べたように，少子化が進行するなかで，結果として生じる若年労働力の減少という労働力の供給制約下において，はたして福祉・介護サービスの労働市場は必要な労働力を確保できるのかどうかということである。

4．「営利法人化」としての「福祉・介護サービスの市場化」

■「営利法人化」する福祉・介護サービス業

消費市場として，そして労働市場として，福祉・介護サービスの「市場化」の動向について，とくに事業所数や従事者数といった量的な側面を明らかにしてきた。福祉・介護サービス市場は，ごく一部のサービス事業の領域を除いて，着実に，あるいは飛躍的に拡大しつつある。なかでも居宅サービス領域の拡大が，事業所数そして従事者数ともに顕著である。市場拡大の「エンジン」機能は居宅サービス領域が担っていることが確認される。ただし，認知症対応型共同生活介護のように，あまりにも急速に事業所数と従事者数が増加し，まるで「バブル期」のような様相を呈している領域もあり，はたして利用者の利益が確保されているのか懸念される。

さて，本節では，福祉・介護サービス事業者の法人種別の変化から，市場の動向について確認していこう。介護保険施設の設置主体は介護保険制度施行後も変更がないので，ここでは，拡大する福祉・介護サービス市場の「エンジン」機能を担っている居宅サービス領域の事業所を取り上げる。

表5-7には，厚生労働省の「介護サービス施設・事業所調査」から，2001（平成13）年分と2005（平成17）年分の，経営主体別の事業所数の比率を事業領域ごとに示してある。

表5-7　福祉・介護サービスにおける経営主体の変化

(単位：%)

	総数	地方公共団体	公的・社会保険関係団体	社会福祉法人	医療法人	社団・財団法人	協同組合	営利法人	特定非営利法人	その他
居宅サービス事業所										
〈訪問系〉										
訪問介護										
2001(平成13)年	100.0	2.0	−	42.0	10.7	2.0	5.0	34.0	3.1	1.2
2005(平成17)年	100.0	0.7	−	26.5	7.7	1.5	3.6	53.9	5.4	0.8
訪問入浴介護										
2001(平成13)年	100.0	2.0	−	66.3	2.6	1.1	0.9	26.1	0.8	0.1
2005(平成17)年	100.0	1.2	−	58.4	2.6	1.0	1.1	34.8	0.7	0.2
訪問看護ステーション										
2001(平成13)年	100.0	5.2	3.4	10.3	52.2	17.1	4.4	7.0	0.4	0.2
2005(平成17)年	100.0	4.4	1.6	9.5	46.4	15.7	5.5	15.3	0.9	0.7
〈通所系〉										
通所介護										
2001(平成13)年	100.0	4.7	−	75.6	5.6	1.1	1.5	8.8	2.1	0.6
2005(平成17)年	100.0	1.8	−	49.3	8.6	0.9	1.9	31.4	5.5	0.6
通所リハビリテーション(老健施設)										
2001(平成13)年	100.0	5.4	2.2	15.7	73.1	3.1	−	−	−	0.6
2005(平成17)年	100.0	4.6	2.0	15.8	73.7	3.1	−	−	−	0.8
通所リハビリテーション(医療施設)										
2001(平成13)年	100.0	1.3	0.6	0.1	70.6	3.3	−	0.1	−	23.9
2005(平成17)年	100.0	2.0	0.5	1.1	76.1	3.0	−	0.2	−	17.1
〈その他〉										
短期入所生活介護										
2001(平成13)年	100.0	6.8	−	91.9	0.5	0.1	0.1	0.5	0.1	0.1
2005(平成17)年	100.0	4.6	−	88.7	2.2	0.1	0.3	3.7	0.3	0.2
短期入所療養介護(老健施設)										
2001(平成13)年	100.0	5.4	2.2	15.6	73.1	3.1	−	−	−	0.6
2005(平成17)年	100.0	4.7	2.0	15.5	74.0	3.0	−	−	−	0.8
短期入所療養介護(医療施設)										
2001(平成13)年	100.0	5.0	1.3	0.2	73.0	3.0	−	0.2	−	17.4
2005(平成17)年	100.0	5.7	1.5	1.1	77.2	2.7	−	0.2	−	11.6
認知症対応型共同生活介護										
2001(平成13)年	100.0	0.7	−	36.7	29.5	0.7	0.2	26.1	6.0	0.2
2005(平成17)年	100.0	0.3	−	23.2	19.4	0.4	0.3	50.5	5.8	0.3
特定施設入所者生活介護＊										
2004(平成16)年	100.0	−	−	17.5	0.8	2.0	0.2	76.1	0.8	2.7
2005(平成17)年	100.0	0.1	−	15.6	0.7	1.5	0.2	79.5	0.6	1.8
福祉用具貸与										
2001(平成13)年	100.0	0.3	−	6.3	2.5	0.4	4.3	85.4	0.3	0.5
2005(平成17)年	100.0	0.1	−	3.8	2.3	0.4	3.3	88.6	0.9	0.7
居宅介護支援事業所										
2001(平成13)年	100.0	6.1	−	37.4	25.6	5.3	3.7	19.5	1.2	1.2
2005(平成17)年	100.0	2.9	−	30.7	21.7	4.1	3.5	33.5	2.7	1.0

注：特定施設入所者生活介護＊は、それ以前のデータがないため、2004（平成16）年との比較。
出所：厚生労働省「介護サービス施設・事業所調査」2001（平成13）年，2005（平成17）年調査

経営主体の比率の面であまり大きな変化がないのは，通所リハビリテーション（老健施設），通所リハビリテーション（医療施設），短期入所生活介護，短期入所療養介護（老健施設）、短期入所療養介護（医療施設）、特定施設入所者生活介護，福祉用具貸与といった事業領域である。

対して，経営主体別の事業所数の比率が大きく変化した事業分野では，訪問介護は社会福祉法人の占める比率が42.0%から26.5%に大幅に減少し，営利法人が34.0%から53.9%に大きく増加している。このことは，訪問介護事業を分析する場合には営利法人の動向を抜きにして語れないことを意味する。訪問介護サービスにおいて，社会福祉法人は「少数派」であることを確認しなければならない。事業所数や従事者数に大きな変化のなかった訪問入浴介護は，社会福祉法人が66.3%から58.4%に減少し，営利法人が26.1%から34.8%へと比率を高めている。訪問看護ステーションの経営主体の構成比率にはそれほど大きな変化はみられないが，それでも医療法人が52.2%から46.4%へ減少し，営利法人が7.0%から15.3%へと増加している。通所介護の経営主体には，訪問介護と同様に，大きな変化がみられる。営利法人の進出である。通所介護は，以前は訪問介護と同様に社会福祉法人の比率が高かったのであるが，それが75.6%から49.3%へと激減している。事業所ベースで，社会福祉法人のシェアが半減していることになる。その分，営利法人が8.8%から31.4%と大きく増加しているのである。認知症対応型共同生活介護は，社会福祉法人と医療法人の比率の低下と，営利法人比率の上昇を特徴とする。社会福祉法人は36.7%から23.2%に，医療法人は29.5%から19.4%へ減少し，反対に営利法人は26.1%から50.5%に増加している。認知症高齢者のためのグループホームに関しても，営利法人の動向を抜きにして分析・考察することはできないことになる。

居宅介護支援事業所は，社会福祉法人と医療法人がともに若干低下し，営利法人が19.5%から33.5%へと増加している。

ともあれ，居宅サービス領域では経営主体としての社会福祉法人が大きく後退し，それと入れ替わるようにして営利法人の進出が顕著である。福祉・介護

サービスの市場化には,「営利法人化」の側面が含まれていることを看過してはならない。それは,民間企業の組織原則あるいは経営原理のなかで働く人たちが増加し,将来的には多数となる可能性を示唆している。このことは,福祉・介護サービス職の働き方に少なからぬ影響を与えることになろう。

　福祉・介護サービス市場の「営利法人化」の意味は,これにとどまらない。いま一つの「営利法人化」は社会福祉法人の経営・管理運営の変質である。この点についての詳細は,次の章で扱うことになる。

■組織原理が異なるサービス供給主体による「競争」

　さて,介護保険制度の導入を契機とした福祉・介護サービスの「市場化」は,事業主体の構成の面では,社会福祉法人,医療法人そして株式会社といった多様な経営主体の混在した状況にある。福祉・介護サービス市場は,異なる法人種別による「市場での競争」が展開されることになる。社会福祉法人や医療法人は,広義には「公益法人」に分類され,その組織原理として利益の追求を行うものではない。公益性を組織目標に掲げている。また,「公益法人」としての社会福祉法人あるいは医療法人においては,前者は2000（平成12）年以前は「措置委託費」という公費（つまり税金）により運営され,医療法人は医療保険財政によって運営されてきている。さらに,営利法人である株式会社は,元来,その組織原理が利益の追求を第一義とする事業体である。

　現在の介護保険制度下の福祉・介護サービス市場は,組織原理が相反する経営主体が同一市場で競争することを制度化している。はたして,このようなことが可能であろうか。株式会社による福祉・介護サービスの提供においては,もともと利益を追求する組織であるため,「市場の原理」には適合的である。ただ,そのサービス提供のあり方が要介護高齢者の利益に適合的であるかどうかは別問題である。われわれが注視するのは,社会福祉法人と医療法人である。とりわけ,社会福祉法人の場合,数年前までは措置委託費という公費によって事業が運営され,極端な言い方をすれば「事業収入」の確保に不安はなかった

といってよい。とくに，介護老人福祉施設（特別養護老人ホーム）は，人口の高齢化により，顧客となる要介護高齢者は確実に増え続け，入所希望待機者も多数いる。

しかしながら，介護保険制度以降は，介護報酬により「経営」を成り立たせなければならず，社会福祉法人も「営利法人化」しなければならない。組織名称は以前と異ならないのであるが，介護保険制度の下では，社会福祉法人は営利法人と同様に事業経営を行い，福祉・介護サービス市場のなかで事業体として存続していかなければならない。

このように，福祉・介護サービス市場における多様な経営主体の混在は，社会福祉法人の事業体としての変質，すなわち極端な言い方をすれば「社会福祉法人の営利法人化」を呼び起こしているのかもしれない。それは，もう一つの福祉・介護サービス市場の「市場化」の側面であり，福祉・介護サービス職の労働条件や雇用管理に大きな影響を与える可能性を内包している。

注

1) 措置制度とは，国や地方公共団体の社会保障責任を具体化した各種の社会福祉関係法に基づき，国や地方公共団体がその責任において，自らの事業として社会福祉サービス事業を提供する仕組みのことである。措置権限を付与された行政庁が職権により，サービスの受給資格の確認，サービスの要否の確認，具体的に給付されるサービスの内容等に関し「行政上の処分」を行うことである。措置を構成する要件には，この他に，サービスの水準に関する基準，施設・設備に関する基準そして施設職員等の人員の配置に関する基準なども含まれる。なお，措置制度は廃止されていない。虐待を受けた高齢者の保護等では措置が発動されることがある。
2) 措置に要した費用のうち，高齢者本人からはその収入の額に応じて，扶養義務者からは課税額の区分に応じた額が徴収される。
3) 居宅サービス事業者の指定手続きは，法令による人員の配置基準（職員の人員数等に関する基準），設備（事業所に必要な設備についての基準），運営基準（利用者への説明やサービス提供の記録等，事業を実施するうえで求められる基準）等を充足し，都道府県知事に指定を申請することになる。定期たは随時の検査・指導を受けるとともに，適切でない人員配置等があった場合，「勧告」が

出され，それに従わない場合は行政「命令」が下されることになる。また，指定基準に対し欠格条項があった場合，「指定効力の停止」または「指定取り消し」となる。指定の更新制が導入されている。
4) 要介護の高齢者が長期間にわたって入院する療養病床には，医療保険適用型と介護保険適用型がある。厚生労働省の方針では，医療の必要度の高い高齢者を医療型療養病床に，医療の必要度の低い高齢者については経過型病床に分け，将来的には介護老人保健施設，有料老人ホームあるいはケアハウスや自宅での療養生活に切り替えようとしている。そのため，介護療養型の医療施設については減少傾向がみられる。

第6章

福祉・介護サービス事業所の経営実態

　福祉・介護サービスの「市場化」は，それぞれの事業者の経営にどのような影響を与えたのであろうか。これからの福祉・介護サービス事業者は，それが公益法人であろうが，営利法人であろうが，事業体として自己責任において組織存続を図らなければならない。もはや，公的な資金の補填は期待できないのである。

　そこで，本章では，厚生労働省が実施している福祉・介護サービス事業所の経営実態調査のデータ等により，介護保険制度導入前と導入後の経営収支の動向について，施設サービスと居宅サービスに分けて分析・考察していこう。

1. 施設サービス事業所の経営実態

■介護保険施設の経営収支の変化

　介護保険制度下における介護老人福祉施設（特別養護老人ホーム），介護老人保健施設そして介護療養型医療施設の，介護保険3施設に関する経営収支の動向について，2つの実態調査結果からみていこう。

　厚生労働省が実施した「平成11年介護報酬に関する実態調査報告」[1]の調査結果（以下，「平成11年調査」）を，表6-1に示してある。介護保険制度実施前（措置制度下）の1999（平成11）年3月における，特別養護老人ホーム，老人保健施設，療養型病床群を有する病院の事業収益や事業費用等の月単位の経営収支の状況である。

表6-1 施設サービス事業所の経営実態—1999(平成11)年3月—

(単位:千円)

	特別養護老人ホーム		老人保健施設		療養型病床群を有する病院	
Ⅰ 事業収益	22,801	110.0%	34,488	100.0%	78,695	100.0%
うち補助金収入(ア)	1,903	9.2%	−	−	−	−
うち引当金戻入(イ)	169	0.8%	−	−	−	−
Ⅱ 事業費用						
(1) 給与費	14,306	69.0%	16,987	49.3%	39,320	50.0%
(2) 減価償却費	−	−	3,628	10.5%	3,587	4.6%
(3) その他	8,495	41.0%	11,105	32.2%	27,849	35.4%
うち引当金繰入(ウ)	606	2.9%	−	−	−	−
うち当期繰越金(エ)	307	1.5%	−	−	−	−
Ⅳ 事業外費用(借入金利息)	−	−	1,687	4.9%	1,693	2.2%
〈補助金を含まない収益ベース〉						
収益A (①=Ⅰ−ア−イ)	20,729	100.0%	34,488	100.0%	78,695	100.0%
費用A (②=Ⅱ+Ⅳ−ウ−エ)	21,888	105.6%	33,407	96.9%	72,449	92.1%
損益A (③=①−②)	−1,159	−5.6%	1,081	3.1%	6,246	7.9%
〈補助金を含む収益ベース〉						
収益B (④=Ⅰ−イ)	22,632	100.0%				
損益B (⑤=④−②)	744	3.3%				
1施設当たり定員数(病床数)	68.6		89.6		113.8	
施設数	811		732		226	

注:1999(平成11)年3月の収支状況。
出所:厚生労働省老健局「平成11年 介護報酬に関する実態調査報告」1999年

特別養護老人ホーム(1施設当たりの平均定員数68.6)の事業収益は約2,280万円であり,そのうちの約1割は補助金収入である。事業費用のうち比率の大きいのは給与費であり約1,431万円,69%を占めている。特別養護老人ホームの経営において給与費つまり人件費の占める比率がきわめて高いことがわかる。〈補助金を含まない収益ベース〉では,収益Aが約2,073万円であるのに対して,費用Aは約2,189万円である。結果,損益Aはマイナス116万円となっている。〈補助金を含む収益ベース〉では,収益Bが約2,263万円であり,損益Bはプラス約74万となる。つまり,措置制度下の特別養護老人ホームは補

助金収入を含めることによって，かろうじて「黒字経営」となっているのである。ということは，自治体等からの補助金がなければ，事業体としての経営が難しいことを示しているといえよう。

　老人保健施設（1施設当たりの平均定員数89.6）の事業収益は約3,449万円である。補助金収入はない。事業費用のうち給与費が約1,699万円ともっとも大きく，49.3％を占めている。老人保健施設においても人件費比率が事業費用のなかで大きな支出ウエイトを占めているが，それでも特別養護老人ホームに比べるとその比率は相対的に少ない。また，老人保健施設には補助金収入がなく，〈補助金を含まない収益ベース〉で損益Aが108万円計上されている。補助金を得なくても，「黒字経営」となっている。

　療養型病床群を有する病院（1施設当たりの平均病床数113.8）の事業収益は，他の2種類の施設に比べ2倍から3倍以上であり，約7,870万円となっている。これは，病院であること，そしてベッド数による経営規模の大きさが影響しているのであろう。事業費用のうちもっとも比率が大きいのが，やはり給与費であり3,932万円，50.0％を占めている。補助金収入はない。〈補助金を含まない収益ベース〉で収益Aの約7,870万円に対し，費用Aは約7,245万円であり，損益Aは625万円であり，7.9％となる。こちらも「黒字経営」となっている。

　介護保険制度が運用する前の施設サービスの経営収支をみていくと，3施設ともに，いわゆる人件費比率が5割〜7割と，その高さが際立っている。福祉・介護サービスのうち施設サービス事業所の経営上の特徴点は人件費比率の高さということにある。なかでも，特別養護老人ホームの人件費比率の高さは群を抜いている。労働集約的な業態であることがわかる。また，特別養護老人ホームについては，措置制度下の事業経営の面では，補助金に依存した経営状態であったことがわかる。補助金を含まない収益ベースでは，マイナスであり，補助金がなければ，いわゆる「赤字経営」ということになろう。

　それでは，次に，表6-2から介護保険制度施行後の2005年（平成17）年3月時点の経営収支についてみていこう。このデータは，厚生労働省による「平

表6-2 施設サービス事業所の経営実態―2005(平成17)年3月―

(単位:千円)

	介護老人福祉施設(特別養護老人ホーム)		介護老人保健施設		介護療養型医療施設(療養病床60%以上の病院)	
Ⅰ 介護事業収益						
(1) 介護料収益	21,910	99.3%	31,988	95.9%	32,334	96.6%
(2) 保険外の利用料収益	146	0.7%	1,408	4.2%	1,194	3.6%
(3) 補助金収入	404	1.8%	−	−	−	−
(4) 国庫補助金等特別積立金取崩額	1,062	4.8%	−	−	−	−
(5) 介護報酬査定減	0	0.0%	−31	−0.1%	−60	−0.2%
Ⅱ 介護事業費用						
(1) 給与費	12,504	56.7%	16,530	49.5%	19,224	57.4%
(2) 減価償却費	1,810	8.2%	2,320	7.0%	1,452	4.3%
(3) その他	6,110	27.7%	9,524	28.5%	11,129	33.3%
Ⅲ 介護事業外収益(借入金利息補助金収入)	215	1.0%	−	−	−	−
Ⅳ 介護事業外費用(借入金利息)	204	0.9%	882	2.6%	521	1.6%
Ⅴ 特別損失(会計区分外繰入金支出)	20	0.1%	−	−	−	−
〈補助金を含まない収益ベース〉						
収益A(①=Ⅰ−Ⅰ(4)−Ⅰ(3))	22,056	100.0%	33,365	100.0%	33,467	100.0%
費用A(②=Ⅱ−Ⅰ(4)+Ⅳ+Ⅴ)	19,586	88.8%	29,256	87.7%	32,326	96.6%
損益A(③=①−②)	2,469	11.2%	4,109	12.3%	1,141	3.4%
〈補助金を含む収益ベース〉						
収益B(④=Ⅱ−Ⅰ(4)+Ⅲ)	22,675	100.0%				
損益B(⑤=④−②)	3,089	13.6%				
1施設当たり定員数(病床数)	66.9		89.9		67.5	
施設数	991		586		294	

注:2005(平成17)年3月の収支状況。
出所:厚生労働省老健局「平成17年 介護事業経営実態調査」2005年

成17年介護事業経営実態調査」[2)](以下,「平成17年調査」)である。

介護老人福祉施設(特別養護老人ホーム)(利用者の平均定員数66.9)における介護事業収益の大部分は介護料収益(約2,190万円)によって占めている。事業収益のなかには,わずかではあるが補助金収入や保険外の利用料の収益が

含まれている。「平成11年調査」に比べると，補助金収入が事業収益に占める比率は大幅に低下している。(それでも，他の2施設はない補助金収入がある。) 介護事業費用でもっとも大きな比率を占めるのは給与費であることに変わりはなく56.7%を占めている。約1,250万円であるが，「平成11年調査」に比べると事業費用に占める比率は大きく低下している。〈補助金を含まない収益ベース〉では，収益Aが約2,206万円であり，費用Aが約1,959万円である。損益Aはプラスで約247万円であり，11.2%となっている。「平成11年調査」に比べ大幅な「黒字」を計上していることになる。〈補助金を含む収益ベース〉になると，損益Bは約309万円，13.6%であり，さらに増えている。介護老人福祉施設は，介護保険制度導入前後で，経営体としては「赤字経営」から「黒字経営」へと変貌していることになる。それも「黒字幅」はかなり大きいといえる。

　介護老人保健施設（平均定員数89.9）については，介護料収益は約3,199万円であり，介護料収益が介護事業収益の大部分を占めていることに変わりはないが，保険外の利用料収益が4.2%となっている。事業費用のうちもっとも多いのは，やはり給与費であり約1,653万円，49.5%である。「平成11年調査」と比べても，人件費比率はほとんど変化していない。しかしながら，〈補助金を含まない収益ベース〉では，損益Aが12.3%であり，「平成11年調査」の3.1%よりも経営収支としては大きく改善している。

　介護老人福祉施設や介護老人保健施設が経営収支の面で大きく改善しているのに対して，介護療養型医療施設（療養病床60%以上の病院，平均病床数67.5）の場合は，〈補助金を含まない収益ベース〉で赤字とはなっていないが，黒字幅が減少している。すなわち，「平成11年調査」では損益Aが7.9%であったのが，今回の調査では3.4%にまで半減しているのである。この理由には，調査対象の病院のベッド数の平均が113.8から67.5へと少なくなっていることに起因しているのかもしれない。療養病床の場合，このベッド数ではスケールメリットが生かされないのかもしれない。いま一つの背景は人件費比率が高まっ

ていることが考えられる。介護療養型医療施設の介護料収益は約3,233万円であり、こちらも事業収益の大部分が介護料収益である。事業費用のうちもっとも大きいのが給与費であり、約1,922万円、57.4%を占めている。「平成11年調査」に比べ、給与費の比率が50.0%から57.4%にまで膨れ上がっているのである。

3種の介護保険施設ともに、事業体として「黒字経営」の状態にあるが、介護療養型医療施設は事業運営における人件費比率が著しく増加しており、経営を圧迫しつつあることがわかる。それに反して、介護老人福祉施設は「平成11年調査」の時点では補助金がなければ損益を「黒字」にできなかったような状態から、介護保険制度のもとでの経営収支は〈補助金を含まない収益ベース〉でも「黒字」を生み出している。

いずれにせよ、介護保険施設の経営においては、それが労働集約型の業種であるために当然のことではあるが、人件費比率が経営を大きく左右することになる。簡単な図式でいえば、人件費を圧縮すれば、経営収支を「黒字」へ転換させることが可能だということである。

■介護保険施設の人件費比率と収益の変化

上記の表6-1および表6-2から、介護保険施設の「事業費用に占める『給与費』の比率」つまり「人件費比率」と「損益の比率」の部分を抜き出したのが表6-3である。

介護保険3施設のうちの介護老人福祉施設については、介護事業費用に占める「給与費」の比率が「平成11年調査」の69.0%から「平成17年調査」は56.7%へと、この間に人件費比率の大幅な減少となっている。損益の比率は、「平成11年調査」の「マイナス5.6%」から「平成17年調査」の「プラス11.2%」へと大幅に改善している。もともと、介護老人福祉施設の人件費比率は介護老人保健施設や介護療養型医療施設に比べ高かったのであるが、介護保険制度開始以後、介護老人福祉施設における人件費削減の実態が確認できると

表6-3 介護保険施設における人件費比率と損益の比率

(単位:%)

	介護老人福祉施設(特別養護老人ホーム)	介護老人保健施設(老人保健施設)	介護療養型医療施設(療養型病床を有する病院)
事業費用に占める「給与費」の比率=「人件費比率」	69.0 56.7	49.3 49.5	50.0 57.4
「損益の比率」 =事業収益-事業費用等	-5.6 11.2	3.1 12.3	7.9 3.4

注:上段が平成11年調査,下段が平成17年調査。「損益の比率」は補助金を含まない収益ベース。
出所:厚生労働省「介護報酬に関する実態調査報告」1999(平成11)年。「介護事業経営実態調査」2005(平成17)年

ともに,大幅な損益構造の改善が認められるのである。事業所規模が異なるとともに,職員の年齢や勤続年数の構成が異なるであろうから厳密な比較を行うことは難しいのであるが,「平成11年調査」の給与費の月額は約1,431万円であり,「平成17年調査」においては,それは約1,250万円である。

このような損益構造の改善は介護老人保健施設にもみられるが,人件費比率には大きな変化は認められない。介護老人保健施設の場合,事業に占める給与費の比率は,「平成11年調査」が49.3%,「平成17年調査」が49.5%であり,ほとんど変化していないのであるが,損益の比率は3.1%から12.3%へと大きく改善している。人件費以外の介護事業費用の削減が損益の構造を改善しているようである。

介護療養型医療施設については,むしろ人件費比率が上昇している。「平成11年調査」の50.0%から「平成17年調査」では57.4%へと大きく増加している。その結果,損益の比率は「平成11年調査」の7.9%から「平成17年調査」の3.4%へと,むしろ低下している。ただ,介護療養型医療施設の調査対象サンプル施設の事業所規模は,「平成11年調査」は113.8であり,「平成17年調査」は67.5と,大きく異なっている点に留意する必要がある。

介護保険制度の施行前と施行後の経営状況をみてくると,介護老人福祉施設

(すなわち社会福祉法人)の損益構造の改善に対する積極的な経営行動を認めることができる。そこには,社会福祉法人ではあるが,労働集約型の業種として人件費削減に積極的に取り組むという,事業体としての存続を意図した「営利法人的な経営行動」をうかがうことができる。あえていうならば,社会福祉法人のなかに,営利法人的な行動原則を内包する事業体への変貌をみることができよう。

しかしながら,他方で,この人件費比率の低下に関しては,介護保険施設が必要とする福祉・介護サービス職員を確保できていないことも背景として考えられる。㈳全国老人福祉施設協議会が2007(平成19)年8月に実施した緊急調査によると,経常収支状況は6.5％となっている。このうちの「約2％分の収支差は介護職員の欠員分から生じている」とのことである。人件費比率の低下の背景には,施設サービス事業所における人員確保,なかでも介護職員の人員確保が困難な状態も影響していることを看過してはならない。

2. 居宅サービス事業所の経営実態

■居宅サービス事業所の経営収支状況

表6-4には,「平成17年 介護事業経営実態調査」により,居宅サービス事業所の平成17年3月時の経営収支状況が示されている。居宅サービス事業所において,共通して特徴的なのは,一部例外を除き,いずれの事業所でも人件費比率がきわめて高いことである。

訪問介護の介護事業収益のほとんどが介護料収益(約295万円)である。介護事業費用のうちもっとも大きいウエイトを占めているのが給与費であり,約248万円,介護事業費用の84.0％を占めている。〈補助金を含まない収益ベース〉では収益Aは約295万円であるのに対して,費用Aは約298万円であり,損益Aはマイナス0.8％となっている。〈補助金を含む収益ベース〉でみても,損

益Bはマイナス0.1%である。特定月の経営収支であるが，訪問介護サービスの事業所は単体では「赤字経営」いうことになる。介護保険制度が施行されてから訪問介護事業はもっとも成長した業種であるが，経営収支の面では厳しい状況にある。

　訪問入浴介護の経営収支は，さらに厳しい状況にある。訪問入浴介護の介護事業収益のほとんどが介護料収益（約159万円）である。介護事業費用のうちもっとも大きな比率を占めているのが給与費である。約138万であり，介護事業費用の87.0%となっている。〈補助金を含まない収益ベース〉で損益Aはマイナス約16万円であり，マイナス10.1%となっている。わずかな〈補助金を含む収益ベース〉でも損益Bはマイナス約15万円であり，マイナス9.5%となっている。訪問介護と同様に，補助金の有無にかかわらず，訪問入浴介護事業は単体では「赤字」ということになる。その幅は，訪問介護よりも訪問入浴介護の方が大きくなっている。

　訪問介護と訪問入浴介護の居宅サービス事業所は，介護事業収益のほとんどを介護料収益つまり介護報酬に依存している。いずれも「保険外の利用料収益」がほとんどなく，わずかに補助金収入はあるが，「赤字」を「黒字」へと転換するほどの額ではない。それぞれの事業は単体では構造的に「赤字」ということになる。事業収入の大部分を介護報酬に依存しているため，厳しい経営状況の要因は介護報酬単価の低さということになろう。また，この2つの居宅介護サービス事業では，人件費比率が8割を大きく超え，きわめて高水準にあることも特徴点である。

　訪問看護ステーションの人件費比率も高水準である。訪問看護ステーションの介護事業収益も，そのほとんどが介護料収益（約227万円）である。保険外の利用料収益や補助金収入はほとんどない。この事業も介護報酬にほぼ全面的に事業収入を依存していることになる。介護事業費用でもっとも大きいのが給与費であり，約177万円，介護事業費用の77.8%を占めている。訪問介護や訪問入浴介護とほとんどかわらない高水準の人件費比率である。ただし，〈補助

表6-4　居宅サービス事業所の経営実態(1)

(単位：千円)

	訪問介護		訪問入浴介護		訪問看護ステーション	
Ⅰ　介護事業収益						
(1)　介護料収益	2,953	99.9%	1,589	100.0%	2,274	100.2%
(2)　保険外の利用料収益	3	0.1%	1	0.1%	1	0.1%
(3)　補助金収入	18	0.6%	7	0.5%	−	−
(4)　国庫補助金等特別積立金取崩額	8	0.3%	2	0.1%	−	−
(5)　介護報酬査定減	−1	0.0%	−1	0.0%	−6	−0.3%
(6)　その他	0	0.0%	0	0.0%	0	0.0%
Ⅱ　介護事業費用						
(1)　給与費	2,482	84.0%	1,383	87.0%	1,765	77.8%
(2)　減価償却費	39	1.3%	38	2.4%	36	1.6%
(3)　その他	420	14.2%	283	17.8%	320	14.1%
Ⅲ　介護事業外収益（借入金利息補助金収入）	2	0.1%	0	0.0%	−	−
Ⅳ　介護事業外費用（借入金利息）	13	0.5%	6	0.4%	17	0.7%
Ⅴ　特別損失（会計区分外繰越金支出）	33	1.1%	41	2.6%	−	−
〈補助金を含まない収益ベース〉						
収益A (①＝Ⅰ−Ⅰ(4)−Ⅰ(3))	2,954	100.0%	1,590	100.0%	2,269	100.0%
費用A (②＝Ⅱ−Ⅰ(4)+Ⅳ+Ⅴ)	2,979	100.8%	1,749	110.1%	2,139	94.2%
損益A (③＝①−②)	−25	−0.8%	−160	−10.1%	131	5.8%
〈補助金を含む収益ベース〉						
収益B (④＝Ⅰ−Ⅰ(4)+Ⅲ)	2,975	100.0%	1,597	100.0%		
損益B (⑤＝④−②)	−4	−0.1%	−152	−9.5%		
1施設当たり平均実利用者数・定員数	62.8		29.2		52.7	
施設・事業所数	1,950		340		831	

出所：厚生労働省老健局「平成17年　介護事業経営実態調査」2005年

金を含まない収益ベース〉では，損益Aは約13万円で，プラス5.8%である。人件費比率が高いものの，事業体としての経営収支は「黒字」となっている。

　次に，通所介護であるが，介護料収益は約449万円であり，保険外の利用料収益と補助金収入がある。介護事業費用のうち給与費がもっとも多く，約279

表6-4 居宅サービス事業所の経営実態(2)

	通所介護		通所リハビリテーション		短期入所生活介護	
Ⅰ 介護事業収益						
(1) 介護料収益	4,491	96.9%	5,969	96.2%	3,331	94.5%
(2) 保険外の利用料収益	144	3.1%	244	3.9%	194	5.5%
(3) 補助金収入	49	1.1%	−	−	35	1.0%
(4) 国庫補助金等特別積立金取崩額	18	0.4%	−	−	176	5.0%
(5) 介護報酬査定減	−1	0.0%	−6	−0.1%	−2	−0.1%
(6) その他	0	0.0%	0	0.0%	0	0.0%
Ⅱ 介護事業費用						
(1) 給与費	2,788	60.2%	3,336	53.7%	2,094	59.4%
(2) 減価償却費	280	6.0%	348	5.6%	306	8.7%
(3) その他	1,220	26.3%	1,423	22.9%	1,010	28.7%
Ⅲ 介護事業外収益(借入金利息補助金収入)	8	0.2%	−	−	9	0.2%
Ⅳ 介護事業外費用(借入金利息)	37	0.8%	165	2.7%	30	0.9%
Ⅴ 特別損失(会計区分外繰越金支出)	34	0.7%	−	−	3	0.1%
〈補助金を含まない収益ベース〉						
収益A (①=Ⅰ−Ⅰ(4)−Ⅰ(3))	4,633	100.0%	6,208	100.0%	3,523	100.0%
費用A (②=Ⅱ−Ⅰ(4)+Ⅳ+Ⅴ)	4,341	93.7%	5,271	84.9%	3,267	92.7%
損益A (③=①−②)	292	6.3%	937	15.1%	257	7.3%
〈補助金を含む収益ベース〉						
収益B (④=Ⅰ−Ⅰ(4)+Ⅲ)	4,690	100.0%			3,567	100.0%
損益B (⑤=④−②)	349	7.4%			300	8.4%
1施設当たり平均実利用者数・定員数	31.0		36.0		12.9	
施設・事業所数	1,910		505		643	

出所:表6-4と同じ

万円で60.2%を占めている。訪問介護,訪問入浴介護,訪問看護ステーションなどに比べると人件費比率は低い。〈補助金を含まない収益ベース〉では損益Aは約29万円,プラス6.3%である。〈補助金を含む収益ベース〉では,損益Bは約35万円で,プラス7.4%である。事業単体でも「黒字経営」となっている。

表6-4　居宅サービス事業所の経営実態(3)

	認知症対応型共同生活介護		有料老人ホーム（施設全体）		居宅介護支援	
Ⅰ　介護事業収益						
（1）　介護料収益	3,601	76.1%	9,408	31.6%	774	100.0%
（2）　保険外の利用料収益	1,132	23.9%	20,357	68.6%	−	−
（3）　補助金収入	11	0.2%	−	−	12	1.5%
（4）　国庫補助金等特別積立金取崩額	4	0.1%	−	−	6	0.8%
（5）　介護報酬査定減	0	0.0%	0	0.0%	0	0.0%
（6）　その他	0	0.0%	0	0.0%	0	0.0%
Ⅱ　介護事業費用						
（1）　給与費	2,675	56.5%	11,356	38.2%	756	97.6%
（2）　減価償却費	282	6.0%	1,356	4.6%	24	3.1%
（3）　その他	1,226	25.9%	14,971	50.3%	117	15.2%
Ⅲ　介護事業外収益（借入金利息補助金収入）	4	0.1%	−	−	0	0.0%
Ⅳ　介護事業外費用（借入金利息）	151	3.2%	484	1.6%	7	0.9%
Ⅴ　特別損失（会計区分外繰越金支出）	0	0.0%	−	−	1	0.1%
〈補助金を含まない収益ベース〉						
収益A（①＝Ⅰ−Ⅰ(4)−Ⅰ(3)）	4,732	100.0%	29,765	100.0%	774	100.0%
費用A（②＝Ⅱ−Ⅰ(4)＋Ⅳ＋Ⅴ）	4,330	91.5%	28,167	94.6%	899	116.1%
損益A（③＝①−②）	402	8.5%	1,598	5.4%	−125	−16.1%
〈補助金を含む収益ベース〉						
収益B（④＝Ⅰ−Ⅰ(4)＋Ⅲ）	4,747	100.0%			786	100.0%
損益B（⑤＝④−②）	417	8.8%			−113	−14.4%
1施設当たり平均実利用者数・定員数	13.7		80.4		92.5	
施設・事業所数	545		68		1,339	

出所：表6-4と同じ

　通所リハビリテーションは介護料収益が約597万円であり，保険外の利用料収益がある。介護事業費用のうちで大きいのは給与費であり約334万円であるが，介護事業費用の53.7%を占めるにとどまっている。〈補助金を含まない収益ベース〉では損益Aが約94万円でプラス15.1%である。

短期入所生活介護では介護料収益は約333万円であり，保険外の利用料収益や補助金収入がある。介護事業費用のうち給与費は約209万円であり，介護事業費用の59.4%を占めるにとどまっている。〈補助金を含まない収益ベース〉では損益Aは26万円，プラス7.3%である。〈補助金を含む収益ベース〉の場合は，損益Bが30万円で，プラス8.4%である。

　通所介護，通所リハビリテーション，短期入所生活介護の3つの居宅サービス事業は，訪問介護，訪問入浴介護，訪問看護ステーションに比べると，相対的に人件費比率が低いことが特徴点である。また，3事業ともに，経営収支の面では「黒字経営」となっている。

　認知症対応型共同生活介護の事業体としての特質は，介護事業収益のうち介護料収益が約360万円，介護事業収益の76.1%にとどまっていることである。「保険外の利用料収益」が約113万円であり，事業収益の23.9%と大きなウエイトを占めていることが特徴点となっている。介護事業費用における給与費の額は約268万円であり，その比率は56.5%にとどまっている。〈補助金を含まない収益ベース〉では損益Aが約40万円，プラス8.5%である。〈補助金を含む収益ベース〉では，損益Bが約42万円で，プラス8.8%となっている。いわゆる高齢者向けのグループホーム事業の経営収支上の特徴点は，介護保険以外の利用料収入が比較的多く，事業収入上の大きな支えとなっているところである。

　有料老人ホームの介護料収益は約941万円である。介護事業収益全体の31.6%を占めるにとどまっている。有料老人ホーム事業についても特徴的なのは，「保険外の利用料収益」が多いことであるが，その額は月単位で約2,036万円と高額であり，それは事業収入全体の約7割を占めている。この「保険外の利用料収益」の比率の高さは，営利事業としての長い歴史をもつ有料老人ホーム事業が，他の居宅サービス事業とは経営収支の面でももともと異質な構造をもっていることを示しているといえよう。介護事業費用に占める給与費の額は約1,136万円であり，38.2%を占めるにすぎない。有料老人ホームは，介護保険制度の下で福祉・介護サービスを提供する事業者ではあるが，介護報酬に依

存する経営体質とはなっていない。人件費比率が極端に低いという特徴をもっている。〈補助金を含まない収益ベース〉での損益Aは約160万円であり、プラス5.4%となっている。

ともあれ、認知症対応型共同生活介護と有料老人ホームは、保険外の利用料収益があることが経営の強みになっている。

居宅介護支援の介護料収益は約77万円であり、介護報酬に事業収入を依存している。介護事業費用のうち給与費が約76万円、97.6%と大部分を占めている。〈補助金を含まない収益ベース〉では損益Aがマイナス約13万円、マイナス16.1%である。〈補助金を含む収益ベース〉でも損益Bがマイナス約11万円、マイナス14.4%となっている。この事業は単体ではまったく経営が成り立たないことを意味していると言えよう。

居宅サービス事業の「業界」の特徴は、施設サービス事業以上に労働集約型の業種となっているところである。有料老人ホームのように一部例外を除き、介護事業費用のなかで人件費が大きなウエイトを占めている業種である。人件費比率の高さは、対人サービスの労働集約型の業種として止むを得ないものではあろうが、それにしても訪問介護、訪問入浴介護、そして訪問介護ステーションの各事業の人件費比率はあまりにも高すぎる。また、居宅介護支援事業に至っては、人件費比率からして、単体では構造的に事業経営が成り立たない。それに対して、「保険外の利用料収益」のある認知症対応型共同生活介護や有料老人ホームは人件費比率も低く、経営収支の面で安定している。

居宅サービス事業所であっても、個別の事業領域によって事業所の経営収支には大きな差異があることがわかる。損益構造の面で経営収支が安定しているのは通所リハビリテーションである。この他、「黒字」は訪問看護ステーション、通所介護、短期入所生活介護、認知症対応型共同生活介護、有料老人ホームである。「赤字」経営の事業領域は、訪問介護、訪問入浴介護、居宅介護支援である。また、認知症対応型共同生活介護と有料老人ホームについては、介護報酬には依存しない経営体質であることを、特徴点として指摘できる。

■居宅サービス事業所の人件費比率と収益の変化

　居宅サービス事業所の経営収支について，2005（平成17）年の介護事業経営実態調査の結果からみてきた。そこで，次に，居宅サービス事業のここ数年間の動向について表6-5から考察していこう。同表には，2002（平成14）年および2005（平成17）年の「介護事業経営実態調査」から，「事業費に占める給与費の比率」つまり「人件費比率」，そして「損益の比率」をそれぞれ示してある。

　この表から最初に確認できるのは，居宅サービス事業の領域全般にわたる人件費比率の高さである。人件費比率が高水準なのは，訪問介護，訪問入浴介護，訪問看護ステーション，そして居宅介護支援である。居宅介護支援では人件費比率が事業収入を上回っており，訪問介護などについても人件費比率は8～9割の水準となっている。そして，この人件費比率の高さは，「平成14年調査」と「平成17年調査」ではほとんど改善されていない。むしろ，訪問入浴介護の場合は82.1％→87.0％，訪問看護ステーションでは69.0％→77.8％というように，人件費比率が上昇している事業領域もある。

表6-5　居宅サービス事業所における人件費比率と損益の比率

（単位：％）

	訪問介護	訪問入浴介護	訪問看護ステーション	通所介護	通所リハビリテーション	短期入所生活介護	認知症対応型共同生活介護	有料老人ホーム	居宅介護支援
事業費用に占める「給与費」の比率＝「人件費比率」	86.5 84.0	82.1 87.0	69.0 77.8	63.2 60.2	51.7 53.7	55.0 59.4	58.1 56.5	32.4 38.2	101.6 97.6
「損益の比率」＝事業収益－事業費用等	-2.0 -0.8	-0.2 -10.1	16.1 5.8	7.4 6.3	13.2 15.1	14.1 7.3	8.1 8.5	4.9 5.4	-20.2 -16.1

　注：上段が2002（平成14）年調査，下段が2005（平成17）年調査。「損益の比率」は補助金を含まない収益ベース。
　出所：厚生労働省「平成14年　介護事業経営実態調査」，「平成17年　介護事業経営実態調査」より

損益の比率についても，訪問介護，訪問入浴介護，そして居宅介護支援の事業領域ではマイナスとなったままである。なかでも，訪問入浴介護については，損益の比率はマイナス0.2%→マイナス10.1%と，むしろ悪化している事業領域となっている。反面，通所リハビリテーションは損益比率の「黒字」を向上させている。

居宅サービス事業は，介護保険制度の中心的な事業領域である。認知症対応型共同生活介護や有料老人ホームのように保険外の利用料収益があるために経営的に「黒字」を計上できる事業領域があると同時に，訪問介護といった要介護高齢者の福祉・介護サービスの供給面で中心的な役割を担う事業において経営的にきわめて困難な状況におかれている。

3．労働集約型産業としての福祉・介護サービス

■高い人件費比率と介護報酬の制約

福祉・介護サービス事業所の経営構造の特徴として，人件費比率の高さが指摘されている。地域による差異や法人規模による違いがあるとはいえ，医療・福祉経営における事業収益の50〜60%台の人件費比率が普通の状況のようである。そして，利益に関しては，1〜2％台が一般的な姿のようである（野村編，2005：18）。

要するに，福祉・介護サービス事業所は，人件費比率の高い労働集約型の業態であり，利益率は低いということになる。

本章では，福祉・介護サービス事業所の経営収支の動向について，施設サービス事業所と居宅サービス事業所に分けて分析・考察してきた。施設サービス事業所，居宅サービス事業所ともに人件費比率がかなり高い水準であった。とくに，居宅サービス事業所のうち訪問介護，訪問入浴介護，訪問看護ステーションそして居宅介護支援の事業所について，「通常でない」ほどの高い人件

費比率を指摘できる。一般的に考えて，事業費用のうちの8割から9割が人件費によって占められている，あるいは事業収益以上に人件費が必要というのは，事業体としての存続がきわめて危うい状態といってよいであろう。

　また，介護保険3施設についても，補助金等を得て，見掛け上は「黒字」となっていても，人材確保のための人件費比率の上昇，施設・設備の老朽化対策などを考えると，必ずしも充分な「利益」を確保しているとはいえない。「施設経営の安定には，損益はプラス15％程度は必要である」とする経営者の声もある。

　反面，事業経営が安定している事業体もある。居宅サービス事業所のうち，認知症対応型共同生活介護と有料老人ホームは，介護報酬以外の利用料があり，経営上の収支が安定していた。つまり，介護保険制度下における福祉・介護サービス事業所のうち，介護報酬以外の事業収入が想定される事業領域は経営的に安定している。対して，介護報酬に事業収入を依存する事業領域の場合，経営上の収支は介護報酬の単価に大きく左右されることになろう。

　たとえば，藤林・小山が実施した「介護報酬改定への意見や経営意識に関する調査研究」によると，「介護報酬改定後の経営方針」としては，「高要介護者の入院・入所」で対応しようとする介護保険施設が67.0％，「人件費の削減」で対応しようとしている施設が46.4％となっていた。介護報酬の改定・見直しに対して，介護保険施設の経営方針は，より介護報酬単価の高い要介護高齢者の積極的受け入れと雇用・就業形態の見直しによる人件費の削減で対応しようとする姿勢が明らかである（藤林・小山，2005：3～5）。しかしながら，この対応策では，要介護度の高い高齢者を多数受け入れることにより介護報酬を増やすことはできても，結果的に施設職員の業務負担を招くことになる。そして，何らかの方法で人件費を削減しようとすれば，時間当たりの賃金単価は引き下げられることになろう。つまり，「仕事はきつくなり，賃金は減る」ことになる。

　福祉・介護サービス事業所の経営を安定させ，より水準の高いサービスを提

供するには介護報酬単価の見直しが必要となろう。また，有料老人ホームのように，介護報酬に依存しない事業収入の確保を模索することも検討していかねばならないであろう。

■福祉・介護サービス事業所の経営課題

　福祉・介護サービスは急速に「市場化」している。「市場化」の一つの側面は，介護保険制度の施行後に一挙に多数の営利法人が居宅サービス事業に参入したことである。いま一つは，「市場化」は多様な法人種別に対して「競争」することを求め，事業体としての存続を自己責任に課したことである。

　施設サービスの「業界」には株式会社等の営利法人は参入規制されたが，介護報酬による事業収入の確保による「経営」の確立を求めている。経営を安定させるためには，事業収入に対して事業支出を削減することであり，もっとも「利益」の拡大に寄与する方法は人件費の圧縮である。人件費圧縮の方法は，常勤換算方式を積極的に活用することであり，正規雇用以外の雇用・就業形態による人材の確保である。しかしながら，それは一人ひとりの施設職員の雇用を不安定なものとするであろう。この点は別の章で詳細に議論することになる。問題となるのは，日本経済が景気拡大局面の場合，必要な労働力が確保できずに，福祉・介護サービスの労働市場以外に流出してしまうことである。今日の状況はまさにそれであり，大都市部を中心に福祉・介護サービス業は人材確保難となっている。

　福祉・介護サービス職の人材確保の要諦は，介護報酬単価の引き上げにかかっているといってよい。福祉・介護サービス事業所の多くが事業収入の圧倒的な部分を介護報酬に依存している以上，施設サービス，居宅サービスの経営安定には，介護報酬単価の引き上げは不可欠な要素ということになる。要介護高齢者の社会的介護という，福祉・介護サービス事業が公的性格と社会的責任を担う事業体であるからには，一定程度の公的資金の投入が検討される必要があろう。以前から，「教育」分野には，公的資金が投入されているのである。

他方，社会福祉法人立の福祉・介護サービス事業所は，市場化に迅速に対応できないところもあり（西田，2001：233），事業経営の面での一層の努力が求められる。たとえば，社会福祉法人の事業規模は，一部例外を除き，中小零細企業規模である。事業体としてのスケールメリットが生かせるようにはなっていない。「社会福祉法人の統合」による社会福祉事業の効率的経営は検討の余地がないのであろうか。ネックになるのは，同族経営が少なくないことである。また，介護保険制度の下では，サービスの種類や内容は決められている。そのような制度的な規制を乗り越えて，他の事業所と差別化できるようなサービス内容や提供方法について工夫の余地はないのだろうか。あるいは，施設職員や居宅サービスの訪問介護員等の雇用形態や賃金形態の面で，民間企業が普通に導入している能力評価に基づいた給与体系の積極的導入は難しいのであろうか。

注

1) 厚生労働省の「平成11年　介護報酬に関する実態調査」は，平成11年3月時の経営収支額を調査している。介護保険制度が運用を始める前の調査であり，特別養護老人ホーム（介護老人福祉施設），老人保健施設（介護老人保健施設），そして療養型病床群を有する病院（介護療養型医療施設）が対象。
2) 厚生労働省「平成17年介護事業経営実態調査」は，平成17年3月の収支状況を調査したサンプリング調査である。3種の介護保険施設に加え，居宅サービス事業所も調査対象となっている。

第7章

福祉・介護サービス職の労働実態

　明治以降，近代的な社会福祉事業が開始されてから，社会福祉の各種の法制が整備するまで，社会福祉分野で働くことは一部の篤志家や宗教的な背景をもった「特別な人たちの領分」という印象が強かった。金銭的な対価についても大きな期待ができない期間が長期に渡って続いてきた。社会福祉分野における労働は，低賃金で，長時間の労働，それも夜勤や宿直制度など，その労働条件の厳しさが指摘されてきた。

　本章の目的は，介護保険制度のもとでの福祉・介護サービス職の賃金や雇用・就業形態などの労働実態を明らかにしていくところにある。福祉・介護サービス職は，多様な職種によって構成されている。本章では，データの制約もあるため，福祉・介護サービス職のなかから，要介護高齢者に介護サービスを提供する，いわゆるケアワーク業務に従事する介護職員（介護サービス職）を中心に取り上げ，対比としてソーシャルワーク業務の一つにあげられる介護支援専門員や介護保険施設における生活相談員等（福祉サービス職）についても触れていくことにする。また，事業所レベルでは，主に，介護保険施設と訪問介護事業所における福祉・介護サービス職を対象としている。

1．福祉・介護サービス職の労働力構成

■福祉・介護サービス職の年齢構成—主要な労働力は若年層—

　福祉・介護サービス職の基本的な存在形態を把握するために，男女別の年齢

構成を整理していこう。表7-1は，厚生労働省の『平成16年　介護サービス施設・事業所調査』による，訪問介護事業所と介護保険施設における介護サービス職の性別の年齢構成である。なお，留意されたいのは，介護サービス職の大半は女性によって占められていることである。

男女合計の介護職員総数についてみていくと，平均年齢は36.5歳である。「29歳以下」が39.6%，「30～39歳」が21.3%である。20歳代・30歳代の若年層が介護サービス職の6割強を占めている。要介護高齢者への介護サービスを提供する介護職員全体をみた場合，介護サービス職は若年労働力によって担われていることがわかる。かつて，介護サービス職の大方は中高年女性によって担われていたのであるが，社会福祉士・介護福祉士とくに後者の国家資格制度が

表7-1　事業所種類別福祉・介護サービス職の年齢構成―介護職員―

(単位：%)

		総数	29歳以下	30～39歳	40～49歳	50～59歳	60歳以上	不詳	平均年齢
介護職員　総数		100.0	39.6	21.3	19.5	17.3	2.0	0.3	36.5歳
	訪問介護	100.0	12.3	17.7	33.2	30.9	5.6	0.3	44.5歳
	介護老人福祉施設	100.0	44.9	23.7	16.5	14.1	0.6	0.3	34.7歳
	介護老人保健施設	100.0	51.4	23.3	14.7	9.8	0.5	0.3	33.0歳
	介護療養型医療施設	100.0	34.5	15.8	21.2	25.2	2.9	0.4	39.0歳
介護職員　男　総数		100.0	56.0	31.7	7.9	3.6	0.8	0.0	30.6歳
	訪問介護	100.0	33.1	27.0	16.9	16.5	6.3	0.3	38.2歳
	介護老人福祉施設	100.0	55.5	34.6	7.5	2.3	0.1	－	30.2歳
	介護老人保健施設	100.0	58.8	31.8	6.5	2.6	0.3	－	29.9歳
	介護療養型医療施設	100.0	63.4	26.2	6.2	3.0	1.1	0.2	29.5歳
介護職員　女　総数		100.0	34.9	18.3	22.9	21.2	2.3	0.4	38.2歳
	訪問介護	100.0	10.5	16.9	34.6	32.2	5.5	0.4	45.0歳
	介護老人福祉施設	100.0	41.0	19.7	19.7	18.3	0.8	0.4	36.3歳
	介護老人保健施設	100.0	48.4	19.9	18.1	12.7	0.6	0.5	34.2歳
	介護療養型医療施設	100.0	28.9	13.8	24.1	29.5	3.3	0.4	40.8歳

出所：厚生労働省『平成16年　介護サービス施設・事業所調査』(財)厚生統計協会，2006年

創設されて以降は福祉系の人材養成機関からの供給により、介護サービスの業務は若年労働力によって担われるようになってきているのである。ただし、これは事業分野により大きな差異がある。

　訪問介護は「29歳以下」の12.3%と「30〜39歳」の17.7%とを合わせて全体の3割にとどまっている。「40〜49歳」が33.2%、「50〜59歳」が30.9%である。訪問介護事業所の介護サービス職つまり訪問介護員は6割強が40歳代・50歳代の中高年層によって占められているのである。その平均年齢は44.5歳である。

　それに対して、介護保険施設のうち介護老人福祉施設の介護職員総数の年齢構成をみていくと、「29歳以下」が44.9%と半数近くとなっている。これに、「30〜39歳」の23.7%を加えると、約3分の2が20歳代・30歳代の若年労働力ということになる。40歳代・50歳代の中高年層は3割程度を占めるにすぎない。介護老人福祉施設の介護職員総数の平均年齢は34.7歳である。介護老人保健施設の場合は、さらに若年労働力の比率が高まり、「29歳以下」が51.4%と過半数を占め、「30〜39歳」が23.3%であり、若年労働力が介護サービス職の約7割強となっている。介護職員総数の平均年齢は33.0歳であり、介護老人福祉施設よりも低い。介護療養型医療施設は、「29歳以下」が34.5%、「30〜39歳」が15.8%と、若年層が約半数を占めている。ただ、「50〜59歳」の中高年層が25.2%と多いのが特徴的である。平均年齢は39.0歳であり、訪問介護事業所に比べると低いのであるが、他の介護保険施設に比べ中高年層が比較的多くなっている。

　このように、介護職員総数の年齢分布からみていくと、訪問介護事業所の介護サービスは中高年層によって支えられているが、介護保険施設のうち介護老人福祉施設と介護老人保健施設に関しては、介護サービスの支え手は若年層であることがわかる。

　次に、男女別に介護職員の年齢構成をみていこう。

　男性介護職員の年齢構成は、総数全体でみていくと、「29歳以下」が56.0%、「30〜39歳」が31.7%であり、約9割弱が20歳代・30歳代の若年層によって占

められている。40歳代や50歳代の男性介護職員は，総数ベースでは約1割程度に過ぎない。男性の介護サービス職は圧倒的に若年層によって構成されているのである。

　訪問介護事業の男性介護職員の年齢分布は「29歳以下」が33.1％，「30～39歳」が27.0％で，若年層が約6割を占めている。ただ，40歳代と50歳代の中高年層も合計すると約3割強となっている。男性介護職員では若年層が主要な労働力といえるのであるが，中高年の介護サービス職が一定程度は分布していることに留意する必要があろう。訪問事業所全体からすればそれほど多いというわけではないだろうが，訪問介護の世界に中高年男性が進出していることを確認できよう。

　介護保険施設の男性介護職員の年齢分布では，さらに若年労働力が大きなウエイトを占めている。いずれの施設類型でも，「29歳以下」が5～6割を占め，30歳代が3割前後となっている。介護保険施設において介護サービス職に従事している男性は圧倒的に若年層であり，中高年男性は1割弱といたって少ないのである。

　次に，介護サービス職の大半を占めている女性介護サービス職についてみていくと，総数全体では「29歳以下」が34.9％，「30～39歳」が18.3％であり，合計して若年層は5割強にとどまる。介護サービス職の男性については，20歳代・30歳代の若年層が約9割弱であったのに比べると，女性の介護サービス職の占める若年層のウエイトはかなり低く，その分，中高年層の方に多く分布している。「40～49歳」が22.9％，「50～59歳」が21.2％であり，総数全体の約4割強を占めている。

　訪問介護事業の女性介護職員は，「40～49歳」が34.6％，「50～59歳」が32.2％を占め，総計すると6割強となる。若年層の訪問介護員は3割弱となる。

　介護保険施設の女性介護職員の年齢構成は，介護老人福祉施設と介護老人保健施設において若年層が6～7割と比較的多く分布している。ただ，男性介護職員に比べると，40歳代や50歳代の中高年の分布が比較的多くなっている。

介護療養型医療施設に関しては，女性介護職員の分布がさらに中高年層に傾いており，「29歳以下」は28.9％と3割にとどまっている。対して，40歳代が24.1％，50歳代が29.5％と，中高年層が過半数を占めているのである。

　介護サービス職の年齢構成については，かつては，その大半は圧倒的に中高年女性によって占められていた。今日では，多数の若年労働力が介護サービス職に従事している。介護労働力の年齢構成上の大きな変化が認められる。この背景には，介護福祉士の国家資格所有者を養成する介護福祉士養成施設（短大や専門学校）が多数設置され，これらの福祉系の人材養成機関から大量に介護サービス職が供給されたことがあるものと思われる。また，事業領域別では，居宅サービス領域である訪問介護事業が中高年女性の介護サービス職によって支えられているのであるが，同時に，中高年の男性介護サービス職の進出が確認された。介護保険施設に関しては，男性介護サービス職は過半が若年層であり，中高年男性がごく一部であった。介護保険施設における介護サービス職の多くは女性である。全般的には，若年層が介護サービス職の大半を占めているのであるが，介護療養型医療施設において中高年女性のシェアがやや多かった。

　介護支援専門員は，介護保険制度の下でケアプランを作成するケアマネジャーである。介護支援専門員の業務を端的にいうならば，それは要介護高齢者や家族からニーズを把握し，ニーズを充足するためのケアプランを作成して，より自立的な生活への支援を行うことである。介護支援専門員になるためには，その前に社会福祉士，介護福祉士，保健師等の資格に基づいた業務経験を一定程度経た後に一定の研修を修了する必要がある。一つの典型的なソーシャルワークの職といってもよいだろう。

　居宅介護支援事業所における介護支援専門員は，居宅サービス（訪問介護等を含む）におけるケアプラン作成の担当者である。介護保険施設においては，主に生活指導員等の職について，施設サービス計画の立案に携わることになる福祉サービス職である。

　表7-2には事業所種類別に介護支援専門員の年齢構成が示されている。

介護支援専門員の総数全体では,「30～39歳」が29.7%,「40～49歳」が35.8%,そして「50～59歳」が26.1%となっている。「29歳以下」の若年層は4.7%に過ぎない。介護支援専門員になるには,社会福祉士や介護福祉士あるいは看護師等の資格取得後5年を経て,一定の研修を修了しなければならず,その結果,20歳代の若年層が少なくなっている。介護支援専門員全体の平均年齢は43.8歳である。居宅介護支援事業所,介護老人福祉施設,介護老人保健施設,介護療養型医療施設のいずれの事業領域についても,介護支援専門員の年齢構成はほぼ同じである。平均年齢に関しても,介護老人福祉施設が42.8歳,介護老人保健施設が42.1歳,そして介護療養型医療施設が45.1歳とほとんど同じ年齢域となっている。

表7-2 事業所種類別福祉・介護サービス職の年齢構成—介護支援専門員—

(単位:%)

	総数	29歳以下	30～39歳	40～49歳	50～59歳	60歳以上	不詳	平均年齢
介護支援専門員 総数	100.0	4.7	29.7	35.8	26.1	3.6	0.1	43.8歳
居宅介護支援	100.0	4.1	29.4	36.2	26.4	3.7	0.1	44.0歳
介護老人福祉施設	100.0	7.0	32.0	33.3	25.4	2.2	0.1	42.8歳
介護老人保健施設	100.0	9.0	33.2	31.9	22.1	3.6	0.2	42.1歳
介護療養型医療施設	100.0	3.6	24.3	38.8	28.7	4.6	−	45.1歳
介護支援専門員 男 総数	100.0	8.5	49.2	29.5	10.3	2.4	0.1	39.2歳
居宅介護支援	100.0	7.9	50.1	28.3	10.6	3.0	0.1	39.4歳
介護老人福祉施設	100.0	8.8	50.0	33.6	7.2	0.4	−	38.1歳
介護老人保健施設	100.0	13.8	48.3	28.4	8.6	0.9	−	37.8歳
介護療養型医療施設	100.0	6.0	29.9	38.5	22.2	3.4	−	43.3歳
介護支援専門員 女 総数	100.0	3.8	25.1	37.3	29.8	3.9	0.1	44.9歳
居宅介護支援	100.0	3.3	25.1	37.3	29.8	3.9	0.1	45.0歳
介護老人福祉施設	100.0	6.2	23.4	33.2	24.1	3.1	0.1	45.0歳
介護老人保健施設	100.0	7.6	28.6	32.9	26.2	4.4	0.3	43.4歳
介護療養型医療施設	100.0	3.3	23.6	38.8	29.6	4.7	−	45.4歳

出所:表7-1と同じ

男性の介護支援専門員についてみていくと，やや若年層の方に分布していることがわかる。「30～39歳」が49.2%，「40～49歳」が29.5%であり，30歳代が5割近くを占めている。平均年齢は39.2歳である。女性の介護支援専門員に比べると，5歳ほど低くなっている。事業領域ごとでは，居宅介護支援，介護老人福祉施設，介護老人保健施設は30歳代が5割程度を占めている。居宅介護支援事業所の男性介護支援専門員の平均年齢は39.4歳，同じく介護老人福祉施設は38.1歳，介護老人保健施設は37.8歳である。これに対して，介護療養型医療施設は30歳代が約3割であり，40歳代が38.5%，50歳代が22.2%と多くなっている。その結果，平均年齢も，介護療養型医療施設は43.3歳と相対的に高くなっている。

女性の介護支援専門員の年齢分布は，「30～39歳」が25.1%，「40～49歳」が37.3%，そして「50～59歳」が29.8%である。男性の介護支援専門員に比べ，より中高年層に分布が偏っている。その結果，平均年齢も44.9歳と，男性の介護支援専門員に比べ高くなっている。事業領域による年齢分布の差異はほとんどみられない。

介護支援専門員の年齢構成は，資格取得の特性上の影響もあり，30歳以上の年齢層が多く，中高年層の職といったところである。男性は30歳代，40歳代が中心であるが，女性の場合は30歳代，40歳代，そして50歳代に広く分布していた。

■福祉・介護サービス職の雇用・就業形態—多い非正規雇用—

厚生労働省の外郭団体である㈶介護労働安定センターが実施している「介護事業所における労働の現状」から，福祉・介護サービス職の雇用・就業形態についてみていこう。

表7-3によると，福祉・介護サービスを提供している事業所全体では，正社員が49.5%，非正社員が50.2%である。この数値は，福祉・介護サービス事業所の職員のうち，介護保険の指定介護サービスに直接的に従事する者の数で

表7-3 福祉・介護サービス職の雇用・就業形態

(単位:％)

		総計	正社員	非正社員	無回答
事業所全体		100.0	49.5	50.2	0.4
サービス系別	訪問系事業所	100.0	25.9	73.5	0.6
	施設系事業所（入所型）	100.0	63.3	36.4	0.3
	施設系事業所（通所型）	100.0	42.4	57.3	0.3
サービスの種別	訪問介護	100.0	21.9	77.5	0.6
	居宅介護支援	100.0	61.9	37.4	0.7
	介護老人福祉施設	100.0	60.4	39.4	0.2
	介護老人保健施設	100.0	72.9	27.0	0.1
	介護療養型医療施設	100.0	78.6	21.0	0.3
職種別	訪問介護員	100.0	21.4	75.2	3.4
	介護職員	100.0	59.3	39.4	1.3
	生活相談員	100.0	82.6	13.4	4.1
	介護支援専門員	100.0	82.9	15.4	1.8

注：数値は，介護保険の指定サービス事業（直接的介護サービス）に従事している者。それ以外は含まない。

出所：『平成19年版　介護労働の現状Ⅰ―介護事業所における労働の現状―』(財)介護労働安定センター，2007年

あり，その正社員の比率は半数程度ということになる。正社員は，一般的には雇用期間の定めのない雇用・就業形態である。非正社員に含まれるパートやアルバイトの場合，年あるいは月単位で雇用期間が定められている。福祉・介護サービスは，雇用期間が不安定な非正規雇用の労働力によって担われていることがわかる[1]。

　サービス系別（事業所のサービス類型別）[2]からみていくと，訪問介護等の居宅サービス事業を実施している訪問系事業所の正社員は25.9％ときわめて少なく，非正社員が73.5％と4分の3近くを占めている。これは，後に詳しく述べるように，いわゆる登録型ヘルパーが主要な労働力となっているからであろう。施設系事業所（入所型）の正社員は63.3％，非正社員が36.4％であり，この3つの類型のなかではもっとも正社員の比率が高くなっている。施設系事業

所(通所系)は正社員が42.4%, 非正社員が57.3%である。

さらに, サービスの種別(個別の事業領域別)からは, 訪問介護事業所の正社員が21.9%とさらに正社員の比率が低くなっている。要介護高齢者に対するサービスの提供を登録型ヘルパーに依存していることがさらに鮮明になっている。居宅介護支援事業所は, ケアプラン作成事業所ということになるが, その中核的職種は介護支援専門員であり, こちらは正社員の比率が61.9%と高い水準になっている。介護保険施設の場合は, 正社員の比率がいずれの施設でも6～8割と高い。ただし, 介護老人福祉施設は正社員が60.4%と, 他の介護保険施設に比べると正社員比率は低い。

居宅サービスと施設サービスにおける福祉・介護サービス職の雇用・就業形態を比較すると, いずれも非正規の形態を活用していることがわかるのであるが, とくに訪問介護事業所で非正規雇用が多くなっている。介護保険制度における居宅サービスの中心となる訪問介護事業所の主要な労働力は中高年女性による訪問介護員である。その雇用・就業形態はきわめて不安定な状態にあることが確認できる。

職種別から, その点について確認していこう。正社員の比率は訪問介護員が21.4%, 介護職員が59.3%, 生活相談員は82.6%, そして介護支援専門員が82.9%である。ケアワーカー系の職種である訪問介護員に比べ, 生活相談員や介護支援専門員の正社員比率はかなりの高水準である。

2. 福祉・介護サービス職の労働条件

■賃金の支払い形態—事業領域・就業形態・職種によって異なる支払い形態—

福祉・介護サービス職の労働条件について, 賃金の支払い形態, 賃金額, 夜勤, 有給休暇の取得状況等からみていこう。

賃金の支払い形態について, 表7-4によると, 事業所全体では月給が

56.1%,日給が4.1%,そして時間給が38.6%である。賃金の支払い形態において時間給が約4割と多いところが特徴的である。要介護高齢者に対して各種のサービスを提供し,その生活や人生そしてときには生命にさえ大きく関与する職業であることを考えると,その責任の重大さに比べ十分な労働条件とはなっていないといえよう。

サービス系別(事業所のサービス類型別)では,訪問系事業所において月給が32.8%,日給が2.7%,時間給が62.8%である。施設系事業所(入所型)は月給が77.2%,施設系事業所(通所系)は月給が51.3%である。賃金の支払い

表7-4 福祉・介護サービス職の賃金の支払い形態

(単位:%)

		総計	月給	日給	時間給	不明
事業所全体		100.0	56.1	4.1	38.6	1.2
サービス系別	訪問系事業所	100.0	32.8	2.7	62.8	1.7
	施設系事業所(入所型)	100.0	77.2	4.3	17.9	0.6
	施設系事業所(通所型)	100.0	51.3	5.5	42.5	0.6
サービスの種別	訪問介護	100.0	27.1	2.5	68.8	1.7
	居宅介護支援	100.0	76.3	2.5	18.8	2.4
	介護老人福祉施設	100.0	83.8	4.2	11.8	0.2
	介護老人保健施設	100.0	82.4	2.8	14.1	0.6
	介護療養型医療施設	100.0	86.1	2.1	10.4	1.4
就業形態・勤務形態別	正社員	100.0	96.1	1.3	2.0	0.6
	非正社員	100.0	12.7	7.3	78.8	1.2
	常勤労働者	100.0	33.2	16.1	49.6	1.1
	短時間労働者	100.0	4.1	3.5	91.1	1.2
	短時間労働者 定型的	100.0	6.1	5.9	86.9	1.1
	非定型的	100.0	2.4	1.6	94.6	1.4
職種別	訪問介護員	100.0	25.4	2.4	70.9	1.3
	介護職員	100.0	64.8	5.5	29.1	0.6
	生活相談員	100.0	85.4	1.9	12.4	0.4
	介護支援専門員	100.0	87.9	2.2	9.2	0.7

出所:表7-3と同じ

形態からみた雇用の安定性では，訪問系事業所，施設系事業所（通所型），そして施設系事業所（入所型）の順で安定度が高まっていることになる。

サービスの種別（個別の事業領域別）からは，訪問介護事業所で月給が27.1％と低いのに対して，居宅介護支援事業所は76.3％，介護保険施設はいずれも8割の水準を超えており雇用の安定性が顕著となっている。

就業形態・勤務形態の別から賃金の支払い形態をみていくと，当然のことながら正社員の96.1％が月給である。非正社員は月給が12.7％にとどまり，日給が7.3％，時間給が78.8％である。福祉・介護サービス職の非正社員の大半は時間給の賃金形態と理解してよいであろう。非正社員の常勤労働者については，月給が33.2％，日給が16.1％，時間給が49.6％である。正社員とほぼ同等の労働時間であっても，賃金の支払い形態は著しく不安定となっている。短時間労働者については，月給は4.1％，日給は3.5％であり，大部分の者（91.1％）が時間給である。そのうち，定型的な短時間労働者は時間給が86.9％，そして非定型的な勤務形態の短時間労働者は94.6％が時間給となっているのである。

このようにみていくと，福祉・介護サービスの事業所に雇用される場合，正社員であるか否かによって，賃金の支払い形態という雇用・就業条件の面で大きな格差が存在していることがわかる。

職種別の視点からは，訪問介護員の月給が25.4％にとどまり，時間給が70.9％と大半を占めている。訪問介護員の多くは非定型的な短時間労働者であり，勤務形態が反映される賃金の支払い形態となっている。介護職員については月給は64.8％，生活相談員は85.4％，介護支援専門員は87.9％が月給である。

「正社員―非正社員」別の雇用・就業形態と同様に，ケアワーカー系の職種で月給による賃金の支払い形態が少なく，ソーシャルワーカー系の職種で月給の者が多くなっている。

要するに，居宅サービス事業所や介護保険施設の生活相談や介護支援専門員といったソーシャルワーカー系の福祉サービス職は，そのすべてではないにしても，大部分は正社員として月給制により雇用されていることが推定できる。

対して，介護保険施設などの介護職員は6割程度が正社員として月給制のもとで雇用されるにとどまっていることが推測され，ソーシャルワーカー系の職種に比べると，ケアワーカー系の職種の労働条件の低さが確認できる。さらに，訪問系事業所の訪問介護員は，その多くが非定型的な短時間労働者として時間給で就労している者が大半を占めているといえよう。

■ 賃金額—低い賃金水準—

福祉・介護サービス職の賃金については，厚生労働省の「介護サービス施設・事業所調査」および介護労働安定センターが実施した「介護事業所における労働の現状」から考察していこう。

福祉・介護サービス職の賃金水準ならびに賃金額の分布から確認していこう。

表7-5は，「介護サービス施設・事業所調査」による福祉・介護サービス職の月額の給与額の分布である。介護職員全体の平均給与総額は20.8万円である。

表7-5 福祉・介護サービス職の月額の給与額の分布

(単位：%，万円)

		総数	10万円未満	10〜15	15〜20	20〜25	25〜30	30〜35	35〜40	40万円以上	不詳	平均給与総額
介護職員 全体		100.0	1.9	8.6	34.1	33.4	12.0	3.7	1.2	1.0	4.1	20.8
	訪問介護	100.0	8.1	15.5	35.0	24.2	8.8	2.3	0.6	0.6	4.9	18.5
	介護老人福祉施設	100.0	0.3	3.1	24.0	37.8	18.6	7.2	2.8	2.2	4.1	23.4
	介護老人保健施設	100.0	0.3	5.7	36.7	39.0	11.4	2.6	0.4	0.3	3.6	20.8
	介護療養型医療施設	100.0	0.5	11.2	45.6	31.2	6.6	1.1	0.4	0.4	2.9	19.4
介護支援専門員 全体		100.0	0.6	1.8	9.7	27.8	27.1	16.4	7.1	5.7	3.9	27.1
	居宅介護支援	100.0	0.7	1.9	10.1	28.5	27.0	16.3	6.7	4.9	3.9	26.7
	介護老人福祉施設	100.0	0.2	0.2	4.1	23.9	30.4	19.9	8.9	8.8	3.6	29.1
	介護老人保健施設	100.0	0.1	0.7	11.9	28.8	25.7	14.7	7.5	6.7	3.9	27.4
	介護療養型医療施設	100.0	0.6	3.5	10.2	21.7	24.5	13.9	9.7	10.7	5.1	28.4

出所：厚生労働省『平成16年　介護サービス施設・事業所調査』(財)厚生統計協会，2006年

給与額の分布は「15～20万円」が34.1%,「20～25万円」が33.4%である[3]。

事業所の種別では,訪問介護事業所の介護職員の給与額の分布は「15～20万円」に35.0%,「20～25万円」が24.2%,そして「10～15万円」が15.5%となっている。平均給与額は18.5万円である。介護職全体に比べると,給与額はやや低い方に分布している。

介護保険施設のうち,介護老人福祉施設がもっとも月額の平均給与額が高く23.4万円である。介護老人福祉施設の給与額の分布は「20～25万円」が37.8%,「25～30万円」が18.6%,そして「15～20万円」が24.0%と,他の介護保険施設に比べ,やや幅広く分布している。介護老人保健施設の給与額は「20～25万円」が39.0%,「15～20万円」が36.7%であり,平均給与額は20.8万円である。介護老人保健施設の給与額は,15万円から25万円のなかに7割強が含まれることになる。介護療養型医療施設の平均給与額は19.4万円である。給与額の分布では,「15～20万円」が45.6%,「20～25万円」31.2%であり,介護老人福祉施設と介護老人保健施設よりも給与額はやや低い方に分布している。

事業所の種別による介護職員の月額の給与額の分布には多少の差異がみられるが,介護サービス職の月額の給与額は15～25万円のなかに,おおよそ6～7割が集まってきている。したがって,平均の給与総額も20万円前後となっている。介護サービス職は,若年層が多く,後述するように勤続年数が短いこと,そして非正社員の雇用・就業形態が多いこと等が影響していると思われるが,それにしても賃金水準の低さは否めないであろう。

介護支援専門員の給与額の分布と平均給与総額は,年齢構成が高く,正社員の比率も高いこともあり,介護職員に比べると高めに分布している。いずれの事業所の種別でも,「20～25万円」と「25～30万円」に給与額が集中している。介護支援専門員全体の平均給与総額は27.1万円であり,介護職員に比べ約6万円高くなっている。介護老人福祉施設は29.1万円,介護老人保健施設は27.4万円,そして介護療養型医療施設は28.4万円である。介護サービス職に比べ,介護支援専門員の賃金水準は,月額でおおよそ6～9万円ほど高くなっている。

そこで，表7-6により，福祉・介護サービス職の賃金水準について，労働者全般との比較からみていこう。ここで用いているデータは，「平成17年　賃金構造基本統計調査」(厚生労働省)の「決まって支給する現金給与額」[4]である。なお，このデータの福祉系職種のなかには，介護保険制度以外の各種の社会福祉サービスに従事する人たちも含まれていることに留意されたい。

全産業ベースによる全労働者の「決まって支給する現金給与額」の平均は約33.1万円である。つまり，現在働いている労働者全体の月額の賃金（税込み）の平均が約33万円ということである。男女別にみると，男性労働者は約37.2万円，女性労働者は約23.9万円である。これに対して，「福祉施設介護員（男）」は約22.8万円，「福祉施設介護員（女）」は約20.4万円である。「ホームヘルパー（女）」は約19.9万円である。「介護支援専門員（女）」は約26.1万円となっている。賃金水準を比較するには，業種や職種ごとに事業所規模，学歴，平均年齢や勤続年数を勘案しなければならないため，安易に比較することは避けなければならない。とはいえ，福祉・介護サービス職の賃金水準は，全産業

表7-6　職種別決まって支給する現金給与額

	企業規模計					
	年齢	勤続年数	決まって支給する現金給与額		年間賞与その他特別給与額	年収試算額
				うち所定内給与額		
全労働者	歳 40.7	年 12.0	千円 330.8	千円 302.0	千円 905.2	千円 4,529.2
男性労働者	41.6	13.4	372.1	337.8	1,057.8	5,111.4
女性労働者	38.7	8.7	239.0	222.5	566.4	3,236.4
福祉施設介護員（男）	32.1	4.9	227.9	214.7	577.1	3,153.5
福祉施設介護員（女）	37.0	5.1	204.3	193.3	490.6	2,810.2
ホームヘルパー（女）	44.1	4.9	198.8	187.3	376.1	2,623.7
介護支援専門員（女）	45.3	7.7	260.5	251.6	714.9	3,734.1

出所：厚生労働省資料による（「平成17年　賃金構造基本統計調査」に基づく）

ベースの労働者全般との比較において見劣りしていることは否定できないであろう。

なお,この表の厚生労働省の資料では,「年収試算額」が示されている。これによると,全労働者の平均的な年収は約452万9千円であり,男性労働者は約511万1千円,女性労働者は約323万6千円である。対して,「福祉施設介護員(男)」は約315万4千円,「福祉施設介護員(女)」は約281万円,「ホームヘルパー(女)」は約262万4千円,「介護支援専門員(女)」は約373万4千円となっている。年収ベースでみても,福祉・介護サービス職の賃金水準は低位といえよう。

これまで,福祉・介護サービス職の賃金水準について,全産業ベースの労働者全般との比較によりその位置を確認してきた。

居宅サービスや施設サービスの事業所で働く福祉・介護サービス職の雇用・就業形態は多様であることから,就業形態別・勤務形態別,そして職種別に実際の賃金額等をみていこう。

表7-7は,介護保険制度のもとで要介護高齢者向けの各種サービスを提供する福祉・介護サービス職の所定内賃金[5]の平均額である。事業所全体では,月給の所定内賃金の平均は約21万4千円,日給は約1万2千円,時間給は1,184円である。

サービス系別では,訪問系事業所,施設系事業所(入所型)ともに月給は約21万円強であり差異はみられない。ただ,施設系事業所(通所型)の月給が約20万4千円とやや低い。訪問系事業所の日給は1万4千円,時間給が1,319円であり,施設系事業所に比べ高くなっている。訪問系事業所の主要な労働力は時間給の形態で雇用されている人たちである。介護保険施設の時間給との差別化を図り,労働力確保のための優遇策とみることができる。サービスの種別からは,訪問介護事業所の月給が約19万7千円,日給が約1万3千円,時間給が1,296円である。居宅介護支援事業所は月給が約23万9千円,日給が約2万2千円,そして時間給は1,201円である。介護保険施設の月給は,いずれの施設

表7-7　福祉・介護サービス職の所定内賃金—平均額—

(単位：円)

		月給	日給	時間給
事業所全体		213,837	11,986	1,184
サービス系別	訪問系事業所	214,853	14,177	1,319
	施設系事業所（入所型）	215,855	10,118	995
	施設系事業所（通所型）	203,518	12,393	1,030
サービスの種別	訪問介護	196,898	13,201	1,296
	居宅介護支援	239,467	21,799	1,201
	介護老人福祉施設	224,925	8,241	989
	介護老人保健施設	222,031	8,435	1,020
	介護療養型医療施設	224,923	16,225	1,240
就業形態・勤務形態別	正社員	220,165	10,937	1,139
	非正社員	159,325	11,978	1,183
	常勤労働者	168,616	8,613	1,061
	短時間労働者	119,653	17,267	1,211
	短時間労働者　定型的	123,987	15,479	1,110
	非定型的	108,059	21,208	1,285
職種別	訪問介護員	191,250	11,722	1,294
	介護職員	193,663	9,571	956
	生活相談員	232,656	13,839	1,237
	介護支援専門員	260,062	19,920	1,327

出所：表7-3と同じ

でも約22万円強でありほぼ同水準といえよう。ただし，日給に関しては介護老人福祉施設と介護老人保健施設が8千円台であるのに対して，介護療養型医療施設は約1万6千円となっている。医療系職員が日給形態で雇用されていることが反映されているものと推測される。

さて，就業形態・勤務形態からみていくと，正社員の月給は約22万円である。非正社員の月給は約15万9千円，日給が約1万2千円，時間給が1,183円である。非正社員のうち常勤労働者の月給は約16万9千円である。正社員と常勤労

働者は，ほぼ同等の労働時間でありながら，所定内賃金の月給額は5万円以上の格差がある。業務内容や責任の所在に違いがあるのかもしれないが，正社員での雇用を求める福祉・介護サービス職にとって職場定着率を妨げる背景の一つと考えられる。定型的短時間労働者の時間給は1,110円，非定型的短時間労働者の時間給は1,285円である。

職種別では，訪問介護員の時間給が1,294円である。居宅サービスの中核的な労働力であり，いわゆる登録型の訪問介護員の時間給は1,300円前後ということになる。この時間給自体は低いものではないといえようが，問題は待機時間や移動時間あるいは所定の必要書類の記載時間等に対して賃金が支払われているのかどうかということである。介護職員の月給は約19万4千円，生活相談員は約23万3千円，介護支援専門員は約26万円である。また，介護支援専門員の日給額が高い水準になっている。

いずれにしても，福祉・介護サービスの業務は要介護高齢者の生活や人生を支え，あるいは生命に関わる場面もありうる。また，夜勤等の変則的な勤務形態での労働時間も賃金のなかに含まれる。福祉・介護サービス職の賃金水準はけっして高いといえるものではなく，むしろ仕事の内容や責任に応じた賃金水準からは乖離しているといわざるを得ない。

■実労働時間と夜勤の日数

次に，福祉・介護サービス職の労働時間について，月間実労働時間と超過実労働時間（つまり残業時間）についてみていこう。

表7-8によると，事業所全体の月間実労働時間の平均値は129.1時間，超過実労働時間は5.5時間である。各職種別の正社員の月間実労働時間を比較すると，介護支援専門員や生活相談員のソーシャルワーカー系職種で月間実労働時間がやや長いが，全般的な印象としては長時間労働であるという状態にはないようである。超過実労働時間についてもけっして長くはない（いわゆるサービス残業の有無は確認できないのであるが）。

表7-8 福祉・介護サービス職の月間実労働時間・超過実労働時間の平均値

				月間実労働時間	超過実労働時間
事業所全体				129.1	5.5
訪問介護員	全体平均			86.8	5.5
	正社員			158.7	9.9
	非正社員	常勤労働者		152.1	10.1
		短時間労働者	定型的	76.0	6.7
			非定型的	55.3	2.0
介護職員	全体平均			148.0	4.5
	正社員			162.1	5.1
	非正社員	常勤労働者		159.9	5.7
		短時間労働者		96.4	1.5
介護支援専門員	全体平均			157.8	8.6
	正社員			164.8	9.0
	非正社員	常勤労働者		154.3	11.0
		短時間労働者		87.4	1.4
生活相談員	全体平均			162.7	8.5
	正社員			165.6	8.6
	非正社員	常勤労働者		178.8	11.6
		短時間労働者		91.0	2.2

出所:『平成18年版 介護労働の現状—介護労働実態調査報告書』㈶介護労働安定センター,2006年

留意しなければならないのは,介護保険施設の介護サービス職の場合,この労働時間のなかに夜勤や宿直等の労働時間が含まれていることである。労働時間の長さがそれほどではないにしても,事実上,一睡もできない労働時間が含まれていることを考えるならば,厳しい労働条件であるといわざるを得ない。

表7-9は夜勤日数の分布と平均日数である。介護職員全体の夜勤日数の分布は,「4日」が33.5%,「5日」が25.4%であり,月平均で4.4日となる。

表7-9 福祉・介護サービス職の夜勤日数

(単位:%)

	総数	1日	2日	3日	4日	5日	6日	7日	8日	9日以上	平均日数
介護職員　計	100.0	2.1	6.7	16.1	33.5	25.4	9.3	3.1	2.1	1.7	4.4
介護老人福祉施設	100.0	2.6	6.5	14.8	35.4	28.2	8.5	2.1	1.1	0.8	4.3
介護老人保健施設	100.0	1.9	6.6	19.2	36.3	22.8	7.2	2.6	1.8	1.7	4.3
介護療養型医療施設	100.0	1.4	8.9	20.1	30.5	18.0	9.0	5.0	4.6	2.6	4.4

出所:厚生労働省『平成16年　介護サービス施設・事業所調査』㈶厚生統計協会,2006年

　介護保険施設のうち,介護老人福祉施設は「4日」が35.4%,「5日」が28.2%であり,平均夜勤日数は4.3日である。介護老人保健施設は「4日」が36.3%,「5日」が22.8%であり,平均は4.3日となっている。介護療養型医療施設の場合は,「4日」が30.5%,「5日」が18.0%,そして「3日」が20.1%である。比較的広く分散している。平均日数は4.4日である。介護保険施設における夜勤日数の分布と平均日数には大きな差異はみられない。

■有給休暇の取得状況

　夜勤や宿直を伴うような勤務形態では,休息・休暇の取得は重要な労働条件となる。ここでは,有給休暇の取得状況について,表7-10から確認していこう。

　表7-10には,介護職員と介護支援専門員の有給休暇の取得状況について,平均有給休暇取得日数と平均有給休暇取得率を示してある。

　介護職員全体の平均有給休暇取得日数は6.0日,平均有給休暇取得率は34.2%である。訪問介護事業所や介護保険施設の事業領域からみていくと,平均有給休暇取得日数に大きな違いはない。おおむね,有給休暇の取得は1年間で6〜8日程度となる。ただ,取得率では差異があり,介護老人福祉施設の取得率が30.0%,介護老人保健施設の取得率が32.8%と低くなっている。対して,訪問介護事業所の有給休暇の取得率は44.1%,介護療養型医療施設は43.1%と

表7-10　福祉・介護サービス職の有給休暇の取得状況

	平均有給休暇取得日数	平均有給休暇取得率
介護職員　計	6.0	34.2%
訪問介護	5.6	44.1%
介護老人福祉施設	6.1	30.0%
介護老人保健施設	6.1	32.8%
介護療養型医療施設	7.6	43.1%
介護支援専門員　計	7.4	35.0%
居宅介護支援	7.3	35.2%
介護老人福祉施設	7.8	29.9%
介護老人保健施設	7.7	34.6%
介護療養型医療施設	8.6	41.9%

出所：表7-9と同じ

相対的に高くなっている。

　介護支援専門員全体の平均有給休暇取得日数は7.4日，平均有給休暇取得率は35.0%である。いずれの事業領域の事業所でみても，平均有給休暇取得日数に大きな差異はみられない。おおむね，有給休暇の取得は年間で7～9日程度である。ただし，有給休暇の取得率は介護老人福祉施設が29.9%と低く，対して介護療養型医療施設は41.9%と高く，差異がみられる。

　ところで，「平成19年　就労条件総合調査」(厚生労働省)によると，労働者1人当たりの有給休暇の取得日数は8.3日，取得率は46.6%である。したがって，上記のような福祉・介護サービス職の有給休暇の取得日数，取得率ともに，全国の労働者全般の平均値よりも低水準ということになろう。

■勤続年数

　勤続年数の長さは，当該業種あるいは職種における雇用の面での安定度を反映しているといえる。労働条件に恵まれ，働きやすい環境が用意されるのであ

れれば，必然的に勤続年数は伸びていくことになる。勤続年数は労働条件の良し悪しのアウトプットでもある。

表7-11によると，介護職員計の平均勤続年数は5.2年である。勤続年数の分布は「5年未満」が60.4%,「5～10年」が26.6%である。事業領域ごとに比較すると，訪問介護事業所「5年未満」が72.5%と多いのが目立ち，平均勤続年数も4.2年とやや短い。反面，介護老人福祉施設は15年以上勤続している者が1割程度あり，平均勤続年数も6.5年とやや長くなっている。

介護支援専門員計の平均勤続年数は6.6年である。勤続年数の分布は「5年未満」が53.0%,「5～10年」が23.2%である。事業領域別の特徴点としては，介護老人福祉施設と介護療養型医療施設において平均勤続年数がやや長くなっている。前者は9.4年，後者は9.3年である。勤続年数の分布の面でも，15年以上勤続している者が両者ともに2割前後となっているのである。

いずれにしても，福祉・介護サービス職の勤続年数は全産業ベースによる労働者全般と比べると長いものではなく，むしろ短い（表7-6を参照）のである。

表7-11　福祉・介護サービス職の勤続年数

(単位：%)

		総数	5年未満	5～10年	10～15年	15～20年	20年以上	不詳	平均(年)
介護職員　計		100.0	60.4	26.6	8.1	2.2	1.6	1.0	5.2
	訪問介護	100.0	72.5	17.8	6.3	1.5	0.8	1.1	4.2
	介護老人福祉施設	100.0	51.5	28.0	11.3	4.0	4.0	1.2	6.5
	介護老人保健施設	100.0	55.0	35.8	7.2	1.0	0.1	0.9	5.1
	介護療養型医療施設	100.0	56.4	29.7	9.8	2.4	0.9	0.9	5.4
介護支援専門員　計		100.0	53.0	23.2	14.2	4.8	4.3	0.6	6.6
	居宅介護支援	100.0	57.3	21.5	13.1	3.8	3.7	0.5	6.1
	介護老人福祉施設	100.0	30.7	26.5	22.9	10.8	8.5	0.6	9.4
	介護老人保健施設	100.0	43.5	36.9	14.5	3.4	1.1	0.5	6.4
	介護療養型医療施設	100.0	37.8	23.5	15.3	11.5	10.6	1.2	9.3

出所：表7-9と同じ

むろん，新設施設が多数ある介護保険施設，あるいは新規参入事業所の多さ，また若年労働力が多く新規学卒者が多数含まれていること等を斟酌するならば，勤続年数は全般的に短くなってこよう。それにしても，「5年未満」が多数を占めている勤続年数の実情は，労働市場としての福祉・介護サービス市場が抱える大きな問題の一つである。すなわち，福祉・介護サービス職の職場定着問題である。

■採用率と離職者—低い職場定着率—

福祉・介護サービス職の定着率の低さが問題視されている。職場への定着率が低いということは，一般的には，労働条件に問題があったり，働きにくい就労環境であることを表している。労働条件の良否を検討するとき，労働者の定着率は重要な判断基準の一つとなろう。職場定着率の低さは，労働者の採用率や離職率の高さから判断していくことができる。

そこで，表7-12に，1年間の福祉・介護サービス職の採用率と離職率を示した。事業所全体では，採用率は29.0％，離職率は20.3％である。

サービス系別からみていくと，訪問系事業所の採用率は21.6％，離職率は15.5％にとどまる。対して，施設系事業所（入所型）の採用率は31.1％，離職率は22.2％であり，さらに施設系事業所（通所型）は採用率が39.1％，離職率が25.8％となっている。労働条件の面では，非正社員比率が高く，時間給の多い訪問介護系事業所の方が定着率は良好な状態となっている。

サービスの種別から個別事業領域ごとにみても，訪問介護事業所の採用率が21.5％，離職率が15.3％にとどまっているのに対して，居宅介護支援事業所や介護保険施設の方が採用率や離職率が高くなっているのである。

職種別に福祉・介護サービス職の定着率について，訪問介護員と介護職員に関して分析・考察していこう。訪問介護員の全体平均の採用率は20.2％，離職率は15.0％である。正社員の採用率は28.6％，離職率は19.6％で，非正社員の採用率は18.6％，離職率は14.0％である。訪問介護員は正社員よりも非正社員

表7-12 福祉・介護サービス職の採用率と離職率

(単位:%)

		採用率	離職率
事業所全体		29.0	20.3
サービス系別	訪問系	21.6	15.5
	施設系（入所型）	31.1	22.2
	施設系（通所型）	39.1	25.8
サービスの種別	訪問介護	21.5	15.3
	居宅介護支援	25.1	17.1
	介護老人福祉施設	26.3	19.7
	介護老人保健施設	25.0	21.2
	介護療養型医療施設	26.5	20.9
訪問介護員 全体平均		20.2	15.0
	正社員	28.6	19.6
	非正社員	18.6	14.0
	常勤労働者	23.2	18.3
	短時間労働者 定型的	20.0	14.0
	非定型的	17.8	13.7
介護職員 全体平均		35.1	24.0
	正社員	30.6	21.7
	非正社員	41.8	27.3
	常勤労働者	68.2	44.5
	短時間労働者	29.6	19.4

注：採用率＝1年間の採用者数÷平成17年10月31日現在の従業者数。
　　離職率＝1年間の離職者数÷平成17年10月31日現在の従業者数。
出所：表7-3と同じ

の定着率の方が良好である。その非正社員のうちの常勤労働者の採用率は23.2％，離職率は18.3％であり，定型的短時間労働者の採用率は20.0％，離職率が14.0％となっている。非定型的短時間労働者の採用率は17.8％，離職率は13.7％である。

介護職員の全体平均の採用率は35.1%，離職率は24.0%となっている。訪問介護員よりも介護職員の方が，採用率，離職率ともに高く，定着率の低さを問題に抱えているようである。介護職員の非正社員の採用率は41.8%，離職率は27.3%であり，さらに定着率の問題が顕著となってくる。常勤労働者にいたっては採用率が68.2%，離職率が44.5%である。職場定着率問題は訪問介護員よりも介護職員の方が深刻な状態となっている。

ともあれ，福祉・介護サービス職の職場定着率の問題では，介護保険施設の介護職員において，より大きな問題となっていることがうかがえる。とりわけ，非正社員や常勤労働者の勤務形態にある介護サービス職の定着率の低さが明らかとなっている。

問題なのは，この採用率や離職率は他の産業の労働者と比べた場合，高いのか，それとも低いのかということである。

表7-13には，厚生労働省の「雇用動向調査」により，全産業における採用率と離職率を示している。常用労働者全体の採用率は17.4%，離職率は17.5%である。男女の内訳では，男性労働者の採用率が14.2%，離職率が14.6%であり，女性の場合は採用率が21.8%，離職率が21.7%となっている。一般労働者

表7-13 全産業の採用率と離職率

(単位：%)

		採用率	離職率
常用労働者	計	17.4	17.5
	男	14.2	14.6
	女	21.8	21.7
一般労働者	計	13.4	13.8
	男	11.4	11.7
	女	17.7	18.3
パートタイム労働者	計	31.0	30.3
	男	41.2	42.5
	女	27.8	26.4

出所：厚生労働省「平成17年 雇用動向調査」

については，採用率は13.4%，離職率は13.8%である。男女別では，男性一般労働者の採用率と離職率は，それぞれ11%程度であり，女性の場合は採用率，離職率ともに18%前後となっている。一般労働者の採用率と離職率の低さに比べると，パートタイム労働者の採用率と離職率の水準は高い。パートタイム労働者計では採用率は31.0%，離職率は30.3%である。男性パートは採用率が41.2%，離職率が42.5%である。女性パートの場合は，採用率が27.8%，離職率が26.4%となっている。

　全産業の一般労働者と比べ，福祉・介護サービス職全体の採用率と離職率は高く，今日問題視されている定着率の低さを確認することができる。ただ，福祉・介護サービス職のうちの訪問介護員の定着率について，登録型ヘルパーが想定される非正社員の非定型的短時間労働者の採用率と離職率は，全産業の労働者のうちのパートタイム労働者（女性）のそれに比べ，むしろ低くなっている。つまり，登録型ヘルパーの職場定着率は，一般労働市場におけるパートタイム労働者との比較において良好な状態にあることが確認できる。この背景には，登録型ヘルパーの働き方は，その主要な労働力である中高年女性の日常的なライフスタイルに適合していることをうかがわせるものである。むしろ，問題なのは，正社員そして非正社員ともに介護職員の定着率の低さである。とくに，非正社員の常勤労働者の勤務形態の者の職場定着率が低く，大きな問題を内包しているといわざるを得ない。介護職員の多くは介護保険施設において就労しているものと見込まれる。つまり，福祉・介護サービス職の職場定着率の問題は，介護保険施設における介護サービス職の定着率の問題ということになろう。介護保険施設のうち介護老人福祉施設において非正社員の比率が高い。雇用・就業形態の面での不安定さが，職場定着率を低下させている一因として推定できる。

3. 福祉・介護サービス職の求人・求職動向

■福祉人材センターにおける求人・求職の動向—二重構造の労働市場—

　福祉・介護サービス事業所における人材の採用ルートは多様である。その主たるルートとしては，公共職業安定所（ハローワーク），職員・知人ルートでの縁故採用，福祉系人材養成機関への求人，新聞・雑誌広告による募集，折込みチラシ広告による募集などである。この他に，各都道府県社会福祉協議会に設置されている「福祉人材センター」のルートからの採用がある。

　ここでは，データの集積がなされている全国社会福祉協議会・中央福祉人材センターの求人・求職の動向から分析していこう。

　表7-14には，中央福祉人材センターにおける2000年（平成12）年度からの新規求人における雇用形態別の比率を示してある。これによると，新規求人における正規職員の比率は2000（平成12）年度の45.0%から徐々に低下し，2003（平成15）年度には42.6%にまで低下している。その後やや持ち直して，2005（平成17）年度には44.1%となっている。それにしても，正規職員としての新規求人は半数に満たないことになる。非正規職員の新規求人は2000（平成12）年度は38.1%であったが，2001（平成13）年度には55.8%と急激に増加し，そ

表7-14　求人・求職の動向—新規求人における雇用形態別の比率—

(単位：%)

	2000(平成12)年度	2001(平成13)年度	2002(平成14)年度	2003(平成15)年度	2004(平成16)年度	2005(平成17)年度
合　計	100.0	100.0	100.0	100.0	100.0	100.0
正規職員	45.0	44.2	43.2	42.6	43.4	44.1
非正規職員	38.1	55.8	56.8	57.4	56.6	55.9
不明（未集計）	16.9	0.0	0.0	0.0	0.0	0.0

出所：全国社会福祉協議会・中央福祉人材センター資料による

表7-15 求人・求職の動向―新規求職における雇用形態別の比率―

(単位：%)

	2000(平成12)年度	2001(平成13)年度	2002(平成14)年度	2003(平成15)年度	2004(平成16)年度	2005(平成17)年度
合　　計	100.0	100.0	100.0	100.0	100.0	100.0
正規職員	70.3	72.3	66.2	63.5	61.8	62.8
非正規職員	17.8	14.3	14.2	14.7	15.6	15.0
不　　問	5.1	13.3	19.6	21.8	22.6	22.1
不明(未集計)	6.9	0.0	0.0	0.0	0.0	0.0

出所：表7-14と同じ

れ以降は，いずれの年度でも5割強の水準となっている。ともあれ，新規求人では，非正規職員の方が大きな比率を占めているのである。

　労働市場としての福祉・介護サービス市場は，新規求人の面で，「非正社員化」の傾向をみせているといえよう。

　次に，表7-15により，新規求職の動向についてみていこう。2000（平成12）年度では正規職員の希望が70.3％を占め，2001（平成13）年度には72.3％となっている。その後，正規職員希望は減少し2004（平成16）年度には61.8％まで低下している。2005（平成17）年度の新規求職者のうちの正規職員の比率は62.8％である。また，非正規職員の新規求職の動向は，2000（平成12）年度で17.8％であったのが，2001（平成13）年度以降は14～16％前後で推移し，この間に，大きな変化はみられない。

　ともあれ，新規求人における正規職員の比率に比べ，新規求職における正規職員を希望する比率は高い水準にあり，比率の面での乖離が明らかである。すなわち，求人側の事業者と求職者との間で，雇用形態の面でのミスマッチが生じていることになる。

　次に，表7-16から，職種別及び雇用形態別の新規求人の動向について，2005（平成17）年度と2006（平成18）年4月～9月分を比較していこう。

　新規求人の総数では，2005（平成17）年度は正規職員が44.1％，2006（平成

表7-16 職種別雇用形態別の新規求人の状況

(単位：%)

	正規職員		常勤非正規		その他非常勤	
	2005(平成17)年度	2006(平成18)年4月～9月	2005(平成17)年度	2006(平成18)年4月～9月	2005(平成17)年度	2006(平成18)年4月～9月
総　　数	44.1	48.0	17.9	16.0	38.0	36.0
介護職(ヘルパーを除く)	48.6	53.8	18.7	16.6	32.7	29.6
相談員・指導員	42.9	43.1	27.3	23.6	29.8	33.2
介護支援専門員	72.2	67.9	13.1	11.6	14.7	20.5
ホームヘルパー	23.9	25.2	9.2	9.7	66.9	65.2

注：「常勤非正規」とは，常勤と同じ労働時間だが，身分は非正規雇用。
出所：表7-14と同じ

18）年4月～9月は48.0％であり，正規職員を求人する比率はやや増加し5割弱である。常勤非正規は2005（平成17）年度が17.9％，2006（平成18）年4月～9月は16.0％であり，1割台の後半でほとんど変化はない。その他非常勤は2005（平成17）年度が38.0％であり，2006（平成18）年4月～9月は36.0％となっていて，4割弱が非常勤による求人ということになる。

職種別では，「介護職（ヘルパーを除く）」は正規職員の求人が48.6％から53.8％に増加しており，正規職員での新規求人がやや上向きである。常勤非正規は18.7％と16.6％であり，2割弱である。その他非常勤については，32.7％から29.6％へとやや減少している。2005（平成17）年度と2006（平成18）年の4月～9月分をみていくと，福祉・介護現場での求人難を反映してのことか，やや正規雇用での求人にシフトしているように見受けられる。それでも，介護職（ヘルパーを除く）の新規求人において，その他非常勤での採用は3割の水準を維持している。

相談員・指導員の職種では，正規職員は42.9％と43.1％であり，常勤非正規は27.3％と23.6％である。非常勤の比率は29.8％から33.2％へと，やや増加傾

向がみられる。新規求人における「非正社員化」の傾向は止まっていないといえよう。

　介護支援専門員は正規職員での採用が72.2％と67.9％であり，他の職種に比べて正規雇用での採用意欲が高水準である。それでも，正規雇用での採用の比率はやや減少しており，同時に，その他非常勤での新規求人は14.7％から20.5％に上昇している。常勤非正規は13.1％と11.6％である。介護支援専門員についても新規求人における「非正社員化」傾向がみられるのである。

　ホームヘルパー（介護保険制度の下では訪問介護員）については，正規職員での新規求人は23.9％と25.2％であり，常勤非正規は9.2％と9.7％である。そしてその他非常勤が66.9％と65.2％であり，依然として高水準となっている。ホームヘルパーの大半の雇用・就業形態は登録型ヘルパーであるから，新規求人の多くが非常勤の形態ということになろう。つまり，居宅サービスの主要な労働力であるホームヘルパーは，非正社員型の労働市場において需給関係が形成されているのである。

　「相談員・指導員」や「介護支援専門員」のソーシャルワーカー系職種の新規求人では正規職員が多いのであるが，それでも非正社員化の傾向がうかがえる。また，介護職については，非正社員化が止まっているのであるが，依然として非正社員での新規求人は高い水準にある。ホームヘルパーの新規求人の大半は非正社員での採用となっている。このように，福祉・介護サービス職の全般にわたって，求人レベルでの非正社員化の傾向を確認することができよう。

　要するに，福祉・介護サービス労働市場の全般的な状況は，労働市場の「非正社員化」を否定できないのである。他方，「相談員・指導員」や「介護支援専門員」のソーシャルワーカー系職種においては正社員での求人が一定程度あるとともに，正社員の雇用・就業形態で就労する者が多く，いうなれば正社員型の労働市場での需給関係が認められる。つまり，福祉・介護サービス職の労働市場は二重構造の労働市場であり，正社員型の労働市場と非正社員型の労働市場により構成されていることになろう。

■「非正社員化」する福祉・介護サービス労働市場

　新規の求人や求職のレベルで非正社員化の傾向を確認してきたのであるが，ここでは，表7-17から，居宅サービスと施設サービスの領域における介護サービス職の非常勤職比率の動向を確認していこう。

　介護サービス職の総数については，2000（平成12）年の「非常勤職」比率が34.9％であったのが年々上昇し，2002（平成15）年には4割の水準を超え，2005（平成17）年には41.6％となっている。少なくとも介護サービス職の約4割は非正社員によって占められていることになる。

　居宅サービスについては，非常勤職比率は一貫して5割強の水準を維持して

表7-17　介護サービス職における「非常勤職」の比率

(単位：％)

	2000(平成12)年	2001(平成13)年	2002(平成14)年	2003(平成15)年	2004(平成16)年	2005(平成17)年
総　数	34.9	38.1	40.4	41.6	40.9	41.6
居宅サービス　計	53.1	54.4	55.6	54.9	52.5	52.2
訪問介護	76.1	76.6	78.5	77.0	76.3	76.0
訪問入浴介護	39.7	41.8	46.7	44.9	46.5	45.2
通所介護	40.3	42.9	43.9	42.7	41.6	42.5
通所リハビリテーション	－	20.8	23.0	24.8	24.8	25.7
短期入所生活介護	15.2	14.6	16.1	15.2	16.2	17.0
認知症対応型共同生活介護	30.8	27.6	29.3	27.5	26.9	27.5
特定施設入所者生活介護	－	－	－	－	－	26.1
介護保険施設　計	10.8	12.0	12.3	12.9	13.3	14.1
介護老人福祉施設	14.9	16.0	16.9	16.8	17.1	17.8
介護老人保健施設	7.0	9.0	7.9	8.7	8.9	9.8
介護療養型医療施設	7.0	6.7	7.3	8.5	8.9	8.7

注：「非常勤」とは，常勤者以外の者。「常勤」とは，施設・事業所が定めた勤務時間のすべてを勤務している者。
出所：厚生労働省「介護サービス施設・事業所施設・事業所調査」各年

いる。事業領域別では，訪問介護は非常勤職比率が高く，70％台の後半となっている。訪問入浴介護は，2000（平成12）年と2001（平成13）年が4割前後であったが，2002（平成14）年以降は4割台の半ばで推移している。また，通所介護についても非常勤職比率が比較的高く，4割強で推移している。これら以外の通所リハビリテーション，短期入所生活介護，認知症対応型共同生活介護，特定施設入所者生活介護における非常勤職の比率は2割弱から3割弱であり，他の居宅サービスに比べて相対的に低い水準となっている。

　介護保険施設の非常勤職比率は1割強から1割半ばであり，居宅サービス領域に比べると非正社員の割合は高くはない。介護保険施設によって差異があり，介護老人保健施設と介護療養型医療施設の非常勤職の比率が1割に満たないのに対して，介護老人福祉施設は1割台の半ばで推移し，2割に近づいている。

　居宅サービス事業のうちの訪問介護，訪問入浴介護そして通所介護における介護サービス職については，非正社員型の労働市場から必要な人員が供給される割合が高いことになる。対して，それ以外の居宅サービス事業や介護保険施設に関しては正社員型の労働市場から，必要とされる人員の多くが供給されていることになろう。

　福祉・介護サービス労働市場における求人の非正社員化を促した要因の一つに，職員配置基準における常勤換算方式の導入がある。この方式で人員を配置すれば，必ずしも職員のすべてが正規雇用である必要はなくなる。非正規・非常勤の雇用・就業形態を活用して人件費を削減することができる。加えて，「市場の原理」を採用している介護保険制度では，営利法人のみならず，社会福祉法人も人件費を含めたコスト管理，一定程度の利益率の確保等，民間企業並みの経営行動が必要となる。福祉・介護サービス事業者が事業を継続していくためには，労働集約型産業ゆえに人件費の削減がもっとも効果的な方法である。一面では，雇用管理や賃金管理の方法として非正社員の雇用・就業形態を活用することは事業者としては必然的な経営行動なのである。

　しかしながら，労働市場の「非正社員化」は，かつての厳しい労働環境では

あるが，正規雇用の形態が多数を占める「安定した雇用の場」であった「社会福祉の世界」を，不安定な雇用形態の労働市場に変質させることになりはしないだろうか。

　加えて，いくつかの問題点を指摘せざるを得ない。その第1が，要介護高齢者に対する福祉・介護サービスという業務内容でありながら，雇用・就業形態の違いによる著しい労働条件の格差である。要介護高齢者に介護や家事援助サービスを提供する組織は多様であり，それぞれの組織特性は異なる。一概に，居宅サービスや施設サービスに携わるすべての福祉・介護サービス職を正社員にしなければならないということはない。営利企業であれば，当然，利益率を高めるために正社員よりも非常勤職の方が人件費の面でコストの削減につながる。また，これらのサービスに従事する多くの中高年女性にとっても，その家族的責任との両立からフルタイムでの労働が難しいため，曜日や時間限定の短時間勤務となる非常勤職の雇用・就業形態を積極的に受け入れていることも考えられる。問題となるのは，同一職種あるいは同じような業務でありながら，賃金水準が大きく異なることである。福祉・介護サービス職をめぐる労働力需給の関係が逼迫している状況下では顕在化しなくとも，景気拡大局面において他産業や他職種との労働力需給の競合状態に入ったとき，非正社員の雇用・就業形態の福祉・介護サービス職が，その職にそのまま留まるという保障はない。

　第2は，非正社員の雇用・就業形態で働く人たちが多いことそれ自体である。極端な言い方をすれば，時間給や日給で働く人たちに対して，人間の生命と生活に直接かかわる仕事から生ずるさまざまな事態に対しての責任ある対処を要求することができるのであろうか。また，各種サービスの提供の面で必要とされる専門性の維持や向上を要求することができるのであろうか。資格取得をはじめとした専門性の確保，その維持や向上には一定の教育投資が求められる。それに見合う対価がない状況では，たとえ高慢なミッションをかかげても福祉・介護サービス職が他産業や他職種に流出することを阻むことはできないであろう。

注

1) 介護労働安定センターの調査では，雇用・就業形態として正社員と非正社員を区分し，勤務形態の面から非正社員を常勤労働者と短時間労働者とに区分している。正社員とは，雇用している労働者で雇用期間の定めのない者のうち，パートタイム労働者や他の企業への出向者を除いた者である。非正社員とは，正社員以外の労働者（契約社員，嘱託社員，臨時的雇用者，パートタイム労働者）をいう。常勤労働者とは，事業場の定める所定内労働時間をすべて勤務する者である。したがって，正社員はすべて常勤労働者である。短時間労働者とは，1日の所定労働時間または1週間の労働日数が常勤労働者よりも少ない者をいう。

   訪問介護員の短時間労働者を2つに区分している。定型的短時間労働者とは，短時間労働者で1日の所定労働時間または1週間の労働日数が常勤労働者より少ない者であって，労働日及び労働日における労働時間が定型的・固定的にきまっている者。非定型的短時間労働者とは，短時間労働者で1日の所定労働時間または1週間の労働日数が常勤労働者より少ない者であって，月，週または日の所定労働時間が，一定期間ごとに作成される勤務表により，非定型的に特定される者である。いわゆる「登録ヘルパー」がこれに当たる。

2) 訪問系事業所とは，訪問介護，訪問入浴介護等の高齢者宅を訪問する形態の介護サービスを提供する事業所である。施設系事業所（入所型）には，短期入所生活介護，短期入所療養介護，特定施設入居者生活介護，認知症対応型共同生活介護，介護老人福祉施設，介護老人保健施設，介護療養型医療施設などが含まれる。施設系事業所（通所型）は，通所介護，通所リハビリテーション，認知症対応型通所介護等が含まれている。

3) 「介護サービス施設・事業所調査」における給与額とは，調査指定月に支払われた給与であり，基本給のほかに，通勤手当，時間外手当等の諸手当を含め，税金・社会保険料を差し引く前の給与総額のことである。いわゆる「税込みの月額の賃金額」である。

4) 「決まって支給する現金給与額」とは，労働契約，労働協約あるいは事業所の就業規則などによってあらかじめ定められている支給条件，算定方法により支給された現金給与額。いわゆる「税込みの賃金額」をいう。交通費や各種手当も支給金額が決まっている場合はこれも含む。

5) 「所定内賃金」とは，月間の決まって支給する現金給与額である。超過労働時間は，毎月異なるはずであるから含まれない。

第8章

福祉・介護サービス職の就労意識と労働市場の特性

　本章では，福祉・介護サービス職の求職者の就労意識について，その特性や実相を明らかにすることをねらいの一つとしている。さらに，福祉・介護サービス職の職場定着率の問題と関連するのであるが，福祉・介護サービス職の労働市場の性格についても，さらに分析と考察を加えていきたい。

　なお，本章で主に用いるデータは，筆者が東京都福祉人材センターにおいて実施したいくつかの調査報告書の[1]データである。大都市部における福祉・介護サービス職のデータであるという点について，あらかじめ留意されたい。

1．福祉・介護サービス職の就労意識の構造

■福祉・介護サービス求職者の「社会福祉の仕事イメージ」

　福祉・介護サービス職の就労意識は，他の一般労働市場における生産工程従事者やサービス職従事者の就労意識の構造とはかなり異なるところがある。はじめに，その就労意識の特性から明らかにしていこう。

　表8－1は，福祉・介護サービス職の求職者が，AとBの対となる12の「社会福祉の仕事イメージ」から，自分のイメージに近い方を選択した結果である。

　ポジティブなイメージとしては，「やりがいのある仕事」がもっとも多い。「A（やりがいのある仕事）に近い」66.9％，「どちらかと言うとA（やりがいのある仕事）に近い」22.6％であり，9割近い求職者が「やりがい」を求職の理由に挙げている。「やりがいがない仕事」とする求職者はごくわずかである。

表8-1　社会福祉の仕事に対するイメージ

(単位：％)

A	Aに近い	どちらかと言うとAに近い	どちらとも言えない	どちらかと言うとBに近い	Bに近い	B
誰でもやる気があればできる仕事	10.8	19.0	18.1	30.6	19.1	専門技能が必要な仕事
楽な仕事	0.7	0.9	17.4	39.4	39.0	きつい仕事
やりがいのある仕事	66.9	22.6	5.1	1.8	0.9	やりがいがない仕事
仕事が楽しい	27.0	39.5	28.6	2.0	0.4	仕事はつまらない
かっこ良い	6.0	11.0	66.3	10.7	3.7	かっこ悪い
給料が高い	1.5	3.9	25.7	27.9	38.7	給料が安い
勤務時間が短い，休日が多い	1.6	4.5	35.5	32.7	23.2	勤務時間が長い，休日が少ない
安定性がある	10.5	23.4	45.2	13.4	5.0	安定性に欠ける
将来性がある	20.4	36.6	33.5	4.7	2.1	将来性がない
一生続けられる	22.3	27.4	32.8	11.2	3.7	長くは続けられない
公共性がある	17.0	20.7	28.0	21.3	10.3	自発性，奉仕性が必要
全体としてイメージが良い	19.6	33.6	36.1	6.3	1.8	全体としてイメージが悪い

注：横計は無回答を掲載していないので100.0％にはならない。
出所：『やりがいのある仕事を求めて－福祉職場への求職希望者意向・動向調査報告書』東京都福祉人材センター，2004年

次いで，求職者が抱くポジティブな社会福祉の仕事イメージでは，「仕事が楽しい」とする求職者は66.5％，「将来性がある」は57.0％，「全体としてイメージが良い」は53.2％，そして「一生続けられる」が49.7％となっている。すなわち，福祉・介護サービス職の求職者がもつ社会福祉の仕事イメージは「やりがいがあり，楽しくて，イメージが良い，一生続けられて将来性のある仕事」といったところとなろう。このような漠然としたポジティブなイメージのなかでも，「やりがい」を社会福祉の仕事に求めている求職者がとくに多くなっている。

半面，社会福祉の仕事に対する求職者のネガティブなイメージとしては，「きつい仕事」「給料が安い」「勤務時間が長い，休日が少ない」といった仕事

イメージが共通して多い。「きつい仕事」とイメージしている求職者がもっとも多く78.4%である。次いで,「給料が安い」が66.6%,そして「勤務時間が長い,休日が少ない」は55.9%となっている。

　福祉・介護サービス職の求職者が抱いている社会福祉の仕事イメージは,「きつい仕事」であり,「勤務時間が長く,休日も取れない,給料が安い仕事」であることを承知しつつも,仕事それ自体については「やりがいのある仕事」であると感じているようである。

　福祉・介護サービス求職者に特徴的な就労意識は,労働に対する経済的対価の面では報われることの少ない仕事であると知りながらも,「やりがいのある仕事」を求めていることになる。つまり,社会的意義や価値のある仕事に従事するという「価値追求的態度」,そしてその仕事に携わることによって社会的責任を果たしているという「心理的充足感」を重視しているといえるのではないだろう。

■福祉・介護サービス求職者の「社会福祉の仕事の選職意識」

　次に,福祉・介護サービス職の求職者について,社会福祉関係の仕事に従事することを希望する理由を考えてみよう。

　表8-2によると,「仕事にやりがいがある」が60.6%であり,価値追求的態度と心理的充足感の希求が社会福祉関係の仕事への就職を希望する最大の理由となっている。次いで,「人と接する仕事がしたかったから」が40.8%,「自分の適性にあっているから」が38.0%となっている。要介護高齢者等の日常生活において困難な状態にある人たちを支援する仕事が,自分自身の職業上の適性と合致しているとの自己評価をもっている求職者が多いのである。男女の別からみても,「自分の適性にあっているから」は男女ともに約4割であり,社会福祉の仕事への適性意識は高水準である。差異があるのは,男性の求職希望の理由としては「社会に貢献できるから」が34.6%と,女性に比べやや多い。女性は「仕事にやりがいがある」が64.7%,「人と接する仕事がしたかったか

表8-2　社会福祉関係の仕事を希望する理由

(単位:%)

	仕事にやりがいがある	楽しく仕事をしたいから	自分の適性にあっているから	自分の能力・資格が活かせるから	将来性・安定性があるから	社会に貢献できると思うから	人と接する仕事がしたかったから
総数	60.6	20.0	38.0	26.6	9.4	24.5	40.8
男性	56.8	19.6	38.2	24.0	13.7	34.6	35.9
女性	64.7	20.8	38.4	28.6	7.5	19.8	44.6

注：比率が多い主要な項目のみ掲載している。
出所：表8-1と同じ

ら」が44.6％と，男性に比べやや多くなっている。男性求職者の方が社会的貢献意識が強く，女性求職者は社会福祉の仕事に対する価値追求的態度と心理的充足感の希求を選職理由として強調する傾向がみられる。

　ところで，職業活動には3つの側面がある。すなわち，「生計の維持」を目的に収入を得るための活動，「個人の能力発揮」のための活動，そして「社会的役割の分担」の遂行という3つの側面である（尾高，1995：22〜49）。

　上記の福祉・介護サービス職の求職者の社会福祉の仕事に対する選職意識には，「仕事のやりがい」という社会的に意義のある職業上の役割分担と社会的責任を担うことに，根源的な動機付けをもっていることがわかる。さらに，社会福祉の仕事に従事することによる社会貢献意識，そして社会福祉の仕事に対する自己の適性意識が高いのである。

　このように福祉・介護サービス職の求職者の就労意識の構造をみてくると，そこには，社会福祉の仕事に対する「価値追求的態度」や「心理的充足感」に加えて，社会福祉の仕事に従事することに対する強い「適性意識」と「社会貢献意識」がある。別の言い方をすれば，「ミッション意識（使命感）」のようなものが福祉・介護サービスの求職者の就労意識のなかには潜在化しているのかもしれない。

かつて，石坂巖は社会福祉施設で働く人たちが抱える就労意識上の問題として，福祉・介護サービス職の「従事者のハイ・モラール構造（いわゆるモラールとモチベーションの両者の問題を含むものとして）」（石坂，1979：28）を指摘している。つまり，福祉・介護サービス職の求職者における職業選択では，社会福祉の仕事に従事することへの動機付けと労働意欲が高すぎること（すべての求職者ではないが）を問題視しているのである。

　なぜならば，すべての福祉・介護サービスの事業所あるいは職場が，「ハイモラールな意識状態」の人たちの「前のめりな」就労意識のニーズを充足してくれるとは限らないのである。個々の福祉・介護サービス職の「社会福祉に対する思い」を適えてくれる場所（職場）がすぐに見つかるとは言いきれないのである。そこに，職場定着率を低める要因が隠されているのではないだろうか。加えて，福祉・介護サービス職の求職者が抱く社会福祉の仕事イメージでは「専門技能が必要な仕事」とする者が49.7％と約半数となっている（表8－1参照）。社会福祉関係の仕事を希望する理由でも「自分の能力・資格が活かせるから」が26.6％と多い。このような専門職志向が，現実の職場では満たされていないことが考えられる。

2．福祉・介護サービス職の勤続意向

■長期勤続を志向しない福祉・介護サービス職

　福祉・介護サービス職の求職者について，就職後の勤続意向を示したのが表8－3である。特徴的なのは，社会福祉の仕事の勤続意向のなかでもっとも多いのが「体力が続く限り」37.2％となっていることである。「定年退職まで」社会福祉の仕事に従事しようとする者は29.9％と3分の1以下にとどまっている。このなかには女性も含まれているため，「定年退職まで」の比率がある程度少なくなるのは理解できるのであるが，福祉・介護サービス職のすべてが，

表8-3　社会福祉の仕事の勤続意向

(単位：%)

総　　　数	100.0
定年退職まで	29.9
契約期間満了まで	1.0
体力の続く限り	37.2
子どもが学校を卒業，成人するまで	0.0
家族（結婚や出産，配偶者の転勤等）の事情が許す限り	14.7
希望する社会福祉関係の受験資格を取得するまで	0.8
他の希望の仕事が見つかるまで	2.3
考えたことはない	9.5
その他	1.8
無回答	2.7

出所：表8-1と同じ

必ずしも長期勤続を志向していないことは明らかである。社会福祉の仕事の身体的負担の大きさが，長期勤続の阻害要因の一つといえよう。いま一つ考えられるのは，福祉・介護サービス職の現在の就職先は，担当している職種や配属先，あるいは仕事内容そして労働条件などの面で，必ずしも満足のいくものではないのかもしれない。さらに，福祉・介護サービス職の長期的な職業設計では，同一の福祉・介護サービス事業所で長期間勤め続けることを求めていないということも考えられる。潜在的に，転職志向があるのかもしれない。

■福祉・介護サービス職に潜在化する労働流動性

　福祉・介護サービス職従事者は，同一の事業所において長期間勤続することを自らの職業生活の設計において想定していないのかもしれない。そこで，次に，表8-4から「正規職員・正社員」の雇用形態で就職した人たちの，その後の仕事の継続状況をみていこう。

　この表に示されているのは，就職してから調査時点まで，短いケースで半年程度，平均的には就職して1～2年経過した人たちの，その後の勤続状況であ

る。総数をみていくと,就職した仕事を継続しているのは79.7%であり,約2割の人たちが退職していることになる。「紹介された仕事は退職し,別の仕事についている」が12.9%,「紹介された仕事は退職し,現在仕事を探している」が5.1%,そして「紹介された仕事は退職し,仕事は探していない」が2.0%となっている。

男女の別では,この離職傾向は男性にやや強くなっている。

年齢階級別では30歳以上の年齢層で仕事を継続している者が7割台と低下している。とくに,45歳以上の中高年層では63.9%と低水準であり,中高年層で離職傾向が顕著である。中高年層になってからの福祉・介護サービス職への入職では,前述したように「体力的限界」を理由とする離職傾向をうかがわせる。中高年層にとっては,雇用情勢は依然として厳しいものがある。そのようなな

表8-4 就職した社会福祉の仕事の継続状況―正規職員・正社員―

(単位:%)

		合計	紹介された仕事を続けている	紹介された仕事は退職し,別の仕事についている	紹介された仕事は退職し,現在仕事を探している	紹介された仕事は退職し,仕事は探していない	無回答
総	数	100.0	79.7	12.9	5.1	2.0	0.3
性別	男 性	100.0	75.9	14.7	7.8	1.7	―
	女 性	100.0	81.5	12.1	3.9	2.2	0.4
年齢階級別	20～25歳未満	100.0	89.9	5.8	4.3	―	―
	25～30歳未満	100.0	86.0	8.4	0.9	4.7	―
	30～35歳未満	100.0	75.3	16.0	7.4	―	1.2
	35～40歳未満	100.0	75.0	18.8	3.1	3.1	―
	40～45歳未満	100.0	70.8	20.8	4.2	4.2	―
	45歳以上	100.0	63.9	22.2	13.9	―	―

出所:『福祉の職場で働く―紹介就職者の就業状況に関する調査報告書』東京都福祉人材センター,2005年

かで「正規職員・正社員」として就職した職場を短期間で去るということは，身体的な負担以外にも，離職要因が隠されているものと思われる。

同じく，「正規職員・正社員」に対して，現在の職場での今後の就業意向を尋ねた結果が表8-5である。「現在の職場で続けて働く」は総数で45.2%と半数にとどまっている。全体の3分の1以上が「別の職場や仕事など，転・退職を考えている」のであり，今後の職場定着状況はけっして思わしいものではない。

男女別でみても，「現在の職場で続けて働く」は男性が52.3%，女性は41.8%となっている。正社員や正規職員として採用された福祉・介護サービス職のうち，現在の職場でそのまま継続して働き続けようとしている人たちは半数程度にしかならないのである。

非正社員等の常勤以外の雇用形態にあるのならば，正規雇用を希望して転職の意向をもつことに違和感はない。しかし，ここで示している数値は正規雇用の「正規職員・正社員」を対象としたものである。身体的負担も大きいのであろうが，それだけでは説明の仕切れない潜在的に根強い転職志向をうかがうことができる。

福祉・介護サービス職における労働流動性が潜在化していることを指摘することになる。その背景には，就労意識の構造が関係しているのではないだろうか。すなわち，福祉・介護サービス職の求職者は，社会福祉の仕事に従事する

表8-5 今後の就業意向―正規職員・正社員―

(単位：％)

	合計	現在の職場で続けて働く	別の職場や仕事など，転・退職を考えている	わからない
総数	100.0	45.2	35.5	19.4
男性	100.0	52.3	29.5	18.2
女性	100.0	41.8	38.1	20.1

出所：表8-4と同じ

ことに対する強い選職意識や適性意識の高さ，やりがいのある仕事を社会福祉の現場に求めるという「価値追求的態度」や「心理的充足感」への希求が根強いことはすでに指摘してきた。社会的な貢献を担いたいという「ミッション意識（使命感）」も強く，「ハイモラールな意識状態」の人たちである。加えて，自らの専門技能や資格を活かしたいという「専門職志向」も就労意識の特徴点として指摘できよう。しかしながら，このようなある種の「前のめりな」就労意識のニーズ，あるいは「社会福祉に対する思い」を適えてくれる場所（職場）がすぐに見つかることはないであろう。そこに，福祉・介護サービス職の潜在的な労働流動性の背景をみるのである。

3．福祉・介護サービス職の労働市場の特性

■社会福祉士・介護福祉士資格登録者の動向

　本章では，ここまで，福祉・介護サービス職の就労意識の特徴点を整理し，そこに潜在的な労働流動性の背景が関連しているのではないかという点について述べてきた。そこで，本節では，福祉・介護サービス職の就労意識の特徴点のなかから，「自らの専門技能や資格を活かして社会福祉の仕事に従事したい」という，いわば「専門職志向」との関連から，現在の福祉・介護サービス職の労働市場の専門職化の動向とその特性について考察していく。

　福祉・介護サービス職の労働市場における専門職化の程度を測定する基準の一つに，特定の職種内における社会福祉士もしくは介護福祉士の資格所有者の占有率がある。特定の職種内において，社会福祉士もしくは介護福祉士の資格所有者の占有率が高まることによって，そこに職種別の専門職労働市場が形成されているかどうかということである。しかしながら，社会福祉士および介護福祉士の国家資格は，名称独占の資格である。業務独占の資格ではないため，特定の職種に就く場合の必須要件とされることはほとんどない。いくつか任用

の際の要件に示されているものはある。たとえば，社会福祉士については，現行法令上の規定は児童相談所の所長，児童福祉司，地域包括支援センターにおける任用要件の一つとして規定されている。社会福祉士資格所有者はケアプラン作成の業務に従事する介護支援専門員の実務研修を受けるための要件の一つである。さらに，社会福祉士は，社会福祉法において「社会福祉主事の任用要件として規定されている者と同等以上の者として位置」づけられている。したがって，社会福祉施設の長や生活相談員等の任用要件として社会福祉主事の要件が準用されている場合には，任用要件に社会福祉士という定めがない場合でも，施設長や生活相談員などに社会福祉士を配置することができる。ともあれ，特定職種についての採用・任用要件としては一部に設定されているにすぎないのである。

さて，表8-6から，社会福祉士・介護福祉士の国家資格登録者の推移をみていこう。社会福祉士については，1989（平成元）年に168人が登録して以降，年度登録者は年々増加している。社会福祉士試験制度が発足した当初は，年間の資格登録者数は数百人程度であった。その後，年度単位での登録者数は数千人規模となり，さらに2003（平成15）年には年間登録者数が1万人の大台を超えるようになった。その結果，2005（平成17）年には，年間登録者数が約1万2千人，登録者の総計は約7万1千人となっている。

次に，介護福祉士の国家資格取得には，大まかにいって2つのルートがある。一つは介護福祉士養成施設を卒業して資格を取得するルートである。いま一つは，一定の条件の下での実務経験を経て国家試験を受験する方法である。したがって，1989（平成元）年に2,631人登録しているのであるが，国家試験合格者が2,623人，養成施設ルートが8人となっている。その後，介護福祉士は，社会福祉士と異なり，急速に資格所有者を増やしている。国家試験ルートについてみていくと，資格制度発足当初は数千人規模で増えていたのが，1990年代の半ば以降は数万人規模で増え続けている。2005（平成17）年の国家試験ルートによる登録者数のトータルは約28万人である。養成施設ルートによる介護福

表8-6 社会福祉士・介護福祉士資格登録者の推移

(単位:人)

	社会福祉士		介護福祉士		
	登録者総計	年度登録者数	登録者総計	うち国家試験	うち養成施設
1989(平成元)年度	168	168	2,631	2,623	8
1990(平成2)年度	527	359	7,323	6,020	1,121
1991(平成3)年度	1,033	506	14,302	10,372	3,930
1992(平成4)年度	1,873	840	23,472	15,568	7,904
1993(平成5)年度	2,783	910	34,547	21,785	12762
1994(平成6)年度	3,801	1,018	47,467	28,800	18,667
1995(平成7)年度	5,309	1,508	62,503	36,464	26,039
1996(平成8)年度	7,485	2,176	80,799	45,699	35,100
1997(平成9)年度	10,267	2,782	103,246	57,443	45,803
1998(平成10)年度	13,650	3,383	131,636	72,905	58,731
1999(平成11)年度	18,375	4,725	167,322	93,607	73,715
2000(平成12)年度	24,006	5,631	210,732	120,315	90,417
2001(平成13)年度	29,979	5,973	255,953	146,845	109,108
2002(平成14)年度	38,157	8,178	300,627	171,668	128,959
2003(平成15)年度	48,409	10,252	351,267	203,710	147,557
2004(平成16)年度	58,952	10,543	409,369	243,445	165,924
2005(平成17)年度	70,968	12,016	467,701	281,998	185,703

注:人数は各年度9月末。2006(平成18)年2月末現在の社会福祉士の登録者数は71,265人。
　　同じく,介護福祉士の登録者数は468,304人。
出所:厚生労働省資料による

祉士登録者についても,この間に急速に増え,やはり1990年代の半ば以降は年間数万人規模で増え続けている。その結果,2005(平成17)年には登録者は約18万6千人となっている。合計して,2005(平成17)年時点での介護福祉士資格登録者数は約46万8千人となる。

　このように,社会福祉の世界における本格的な資格制度である社会福祉士・介護福祉士の国家資格の登録者数は急速に増え続けている。この急速な増加は,福祉・介護サービス業の各事業領域において,その特定の職種内でどの程度の占有率となっているのであろうか。

■**不完全な専門職労働市場**

　表8-7には,「介護サービス施設・事業所調査」から,介護保険制度のもとでの,要介護高齢者を対象にした居宅サービスと施設サービスについて,「生活指導員・支援相談員」のうちの社会福祉士所有者数とその比率（資格者占有率）,同様に「介護職員」のうちの介護福祉士資格所有者数とその比率が示してある[2]。

　居宅サービスのうちの訪問介護の介護職員については,介護職員数,介護福祉士数ともに大きく増加しているが,資格者占有率はむしろ若干低下している。介護福祉士を所有する者が多数参入しているのであるが,介護職員数の増加の方がそれよりも多く,結果として介護福祉士の資格者占有率は低下しているのである。

　訪問入浴介護の介護職員については,訪問入浴介護事業それ自体がそれほど急速に拡大してきているわけではなく,介護職員数も大きく増えてはいない。介護福祉士の資格所有者数そして比率ともに大きな変化はない。

　通所介護における生活指導員・支援相談員数,社会福祉士の資格所有者数ともに大幅に増えている。その結果,社会福祉士の資格者占有率も増加傾向にある。介護職員数,介護福祉士数ともに大きく増えているが,介護福祉士の占有率は横ばいである。

　通所リハビリテーション（老健施設）の生活指導員・支援相談員については,2000（平成12）年のデータがなく,2001（平成13）年分のみである。社会福祉士の占有率は約20%である。介護職員については,介護職員が増加（約1.6倍）しているが,それ以上に介護福祉士が増加（約1.8倍）しており,その資格者占有率も高まっている。

　通所リハビリテーション（医療施設）の介護職員,介護福祉士数ともに大いに増え,介護福祉士の資格者占有率も高まっている。

表8-7 事業領域別・職種別の資格者占有率の動向

(単位:人,%)

		生活指導員・支援相談員	社会福祉士	介 護 職 員	介護福祉士
訪問介護	2000(平成12)年	-	-	72,178	13,990(19.4%)
	2001(平成13)年	-	-	98,569	17,785(18.0%)
	2005(平成17)年	-	-	175,089	29,832(17.0%)
訪問入浴介護	2000(平成12)年	-	-	6,025	1,116(18.5%)
	2001(平成13)年	-	-	6,992	1,286(18.4%)
	2005(平成17)年	-	-	7,050	1,263(17.9%)
通所介護	2000(平成12)年	9,740	991(10.2%)	37,273	7,752(20.8%)
	2001(平成13)年	11,725	1,229(10.5%)	45,361	9,503(20.9%)
	2005(平成17)年	24,680	3,134(12.7%)	91,603	18,279(20.0%)
通所リハビリテーション(老健施設)	2001(平成13)年	1,588	320(20.2%)	13,291	3,950(29.7%)
	2005(平成17)年	-	-	21,272	7,114(33.4%)
通所リハビリテーション(医療施設)	2001(平成13)年	-	-	9,550	1,561(16.3%)
	2005(平成17)年	-	-	14,882	3,204(21.5%)
短期入所生活介護	2000(平成12)年	3,786	617(16.3%)	62,425	23,891(38.3%)
	2001(平成13)年	2,227	411(18.5%)	33,213	12,466(37.5%)
	2005(平成17)年	3,398	824(24.2%)	53,085	20,526(38.7%)
認知症対応型共同生活介護	2001(平成13)年	-	-	9,173	-
	2005(平成17)年	-	-	73,523	13,495(18.4%)
特定施設入所者生活介護	2005(平成17)年	1,450	5(0.3%)	23,070	4,217(18.3%)
介護老人福祉施設	2000(平成12)年	5,565	952(17.1%)	104,028	42,199(40.6%)
	2001(平成13)年	5,821	1,111(19.1%)	109,313	45,770(41.9%)
	2005(平成17)年	7,196	1,859(25.8%)	147,706	62,597(42.4%)
介護老人保健施設	2000(平成12)年	4,852	1,055(21.7%)	73,496	26,281(35.8%)
	2001(平成13)年	5,282	1,272(24.1%)	81,117	31,834(39.2%)
	2005(平成17)年	5,609	2,014(35.9%)	90,239	40,361(44.7%)
介護療養型医療施設	2000(平成12)年	-	-	46,179	5,189(11.2%)
	2001(平成13)年	-	-	41,880	5,775(13.8%)
	2005(平成17)年	-	-	41,391	8,374(20.2%)

注:「認知症対応型共同生活介護」のデータは,2001(平成13)年調査と2005(平成17)年調査があるが,介護福祉士データは2005(平成17)年のみ。「特定施設入所者生活介護」は2005(平成17)年調査のみ。また,「短期入所生活介護」の2000(平成12)年調査は「空床利用施設の従事者を含む」数値のため多くなっている。
なお,「-」は該当するデータがない。
出所:厚生労働省「介護サービス施設・事業所調査」各年による

短期入所生活介護事業に関しては，2000（平成12）年と2001（平成13）年以降とではデータ収集の方法が異なっているのであるが，2001年を基点に2005年をみると生活指導員・支援相談員数，社会福祉士資格所有者数ともに大きく増えている。社会福祉士の資格者占有率も増加傾向にある。介護職員数と介護福祉士数は増加しているのであるが，介護福祉士の資格者占有率は4割弱の水準で横ばいの状態にある。

認知症対応型共同生活介護のデータは2001（平成13）年分は介護職員数のみであり，2005（平成17）年の介護職員における介護福祉士の資格者占有率は18.4％となっている。

特定施設入所者生活介護についてもデータは2005（平成17）年分のみである。社会福祉士の資格者占有率は0.3％とわずかであるが，介護福祉士の資格者占有率は約2割となっている。

居宅サービスにおける，生活指導員・支援相談員や介護職員の各々の職種内での社会福祉士や介護福祉士の数は，事業領域ぞれ自体がそれほど拡大していない訪問入浴介護を除き，着実に増員している。ただし，これら資格所有者数の伸び以上に，当該職種の人員数が増えている場合，資格者占有率は低下することとなる。居宅サービス領域における資格者占有率からみた専門職化は，事業領域によって進展の度合いがさまざまである。そのなかで，資格者占有率が高いのは短期入所生活介護における介護サービス職であり，約4割の介護職員が介護福祉士によって占められている。

次に，介護保険施設についてであるが，介護老人福祉施設，介護老人保健施設ともに，社会福祉士数そして資格者占有率ともに着実に上昇している。介護老人保健施設では社会福祉士の占有率は約3分の1となっている。介護福祉士数そして資格者占有率も増加している。介護老人福祉施設と介護老人保健施設においては，介護職員における介護福祉士の資格者占有率は4割強の水準となっている。介護療養型医療施設は厚生労働省の政策方針により再編の対象であり，介護職員数が減少傾向にある。しかしながら，介護福祉士数は増加して

おり，資格者占有率も他の介護保険施設に比べると低水準ではあるが増加基調となっている。

施設サービス領域については，社会福祉士数や介護福祉士数の増加傾向，そして資格者占有率の上昇基調からすると，居宅サービスに比べ，福祉・介護サービス職の専門職化の傾向を見て取ることができよう。とりわけ，介護老人保健施設において急速に進行していることがうかがえる。

とはいえ，資格者占有率が比較的高い水準にある介護老人保健施設においても，生活指導員・支援相談員や介護職員の各々の職種内で，社会福祉士や介護福祉士の資格所有者の比率が過半数を超えているわけではない。施設サービス領域における，社会福祉士・介護福祉士の資格所有者の比率を基準とした専門職化の程度としては，「不完全な専門職労働市場」ということになろう。あるいは，資格者占有率が上昇基調にあることからすれば，「形成過程の専門職労働市場」という位置づけとなろう。

　追記：本章で用いた東京都福祉人材センターの調査研究報告書は下記の注1）のとおりである。なお，本論の分析と考察に関する論述は筆者の責に帰するものである。

注

1) 東京都福祉人材センター『やりがいのある仕事を求めて―福祉職場への求職希望者意向・動向調査報告書』2004（平成16）年3月。東京都福祉人材センター『福祉の職場で働く―紹介就職者の就業状況に関する調査報告書』2005（平成17）年3月。
2) 厚生労働省「介護サービス施設・事業所調査」によるが，年度により，あるいは職種によってはデータが収集されていない場合がある。

第9章

福祉・介護サービス職の職場定着対策

　福祉・介護サービス職の職場定着率が低いといわれている。たとえば，全国老人福祉施設協議会が2007（平成19）年8月に実施した緊急調査によると，全国平均の離職率は19.8％であり，東京23区は28.5％，大都市部では23.1％という結果になっていた。人材の定着率に地域間格差が存在し，とくに都市部における定着率問題と人材不足が顕著となっている。

　本章では，これまでの議論をふまえ，個々の福祉・介護サービス事業所が，あるいは福祉・介護サービス業の「業界」全体が取り組むべき定着対策等の人材確保のための方策について試論的に考察していきたい。

1．福祉・介護サービス職の職場定着問題の背景

■労働実態と就労意識から

　これまでの議論から，福祉・介護サービス職の職場定着を阻害する要因について整理しておこう。

　第7章では，福祉・介護サービス職全般にわたっての問題として職場定着率の低さが確認されている。ただ，全産業ベースにおける労働者全般との比較においては，訪問介護員の職場定着率はそれほど深刻ではなく，むしろ問題視されるのは介護保険施設における介護サービス職の定着率の問題であった。居宅サービスの訪問介護員の一般的な雇用・就業形態は登録型の非定型的な短時間勤務の形態である。職場定着率が良好であるとはいえないにしても，極端に問

題視するほどではなかった。問題とされるのは、施設サービスにおける介護サービス職の定着率の低さである。そこには入所形態の介護保険施設における介護サービス職の「非正社員化」の問題が伏在している。つまり、不安定な雇用・就業形態、あるいは他産業に比べ夜勤等の変則的な勤務形態があり、身体的な負荷のかかる労働条件が職場定着率を低めているのかもしれない。

第8章では、福祉・介護サービス職に特徴的な就労意識の構造が、潜在的な労働流動性の土壌であることの可能性を論じてきた。つまり、福祉・介護サービス職に特異な就労意識の構造の構成要素とでもいうべき「価値追求的態度」や「心理的充足感」への希求、強い「ミッション意識（使命感）」や「ハイモラールな意識状態」、そして「専門職志向」である。これらの、ある種の「前のめりな」就労ニーズ、あるいは「社会福祉に対する思い」を充足してくれる「場所（職場）」に出会えないところに、潜在的な労働流動性の背景をみることができよう。

■就職先選択の際の重視ポイントから

そこで、上記の諸点を確認するために、福祉・介護サービス職の求職者が社会福祉の仕事の就職先を選択する際に重視するポイントについてみていこう。

表9-1によると、総数では「賃金・賞与額」(56.8%) と「職場の人間関係や雰囲気」(52.2%) の2つをもっとも重視していることがわかる。次いで、「通勤距離・通勤の便利さ」(43.6%)、「雇用形態」(43.9%)、そして「仕事の内容」(45.2%) となっている。福祉・介護サービスの求職者は就職先の選択にあたり、賃金や賞与、通勤時間、雇用形態といった採用後の労働条件を重視しているのである。これらの点は、別の見方をすれば、賃金等の労働条件の改善・向上が職場への定着率に深く関連していることを意味するのである。また、当然のことであるが、入職後に課せられる仕事内容、そして職場における人間関係や雰囲気についても強い関心をもっている。採用時の雇用契約における業務内容の説明といった「採用時管理」の見直し、また職場における「人間関係

表9-1 社会福祉の就職先の選択における重視ポイント

M.A.(%)

	賃金・賞与額	勤務日数・労働時間	休日・休暇	勤務時間帯・曜日	通勤距離,通勤の便利さ	雇用形態	社会保険加入の有無	職種	仕事の内容	自分の能力・資格が活かせる	法人・事業所の運営方針・施設経営方針	職場の人間関係や雰囲気
総数	56.8	22.7	19.4	16.5	43.6	43.9	26.2	28.0	45.2	31.2	23.1	52.2
男性	60.2	24.0	23.0	12.4	39.5	49.4	28.4	27.4	45.2	30.7	20.2	48.6
女性	56.3	22.4	18.2	19.3	46.7	42.7	25.9	30.0	48.0	33.0	26.7	57.9

注:回答率が少ない項目は掲載していない。
出所:『やりがいのある仕事を求めて—福祉職場への求職希望者意向・動向調査報告書』東京都福祉人材センター,2004年

管理」も福祉・介護サービス職の定着率を高めるうえで主要なテーマということになろう。

男女別ではそれほど大きな差異があるというものではないが,男性求職者は「賃金・賞与額」と「雇用形態」でやや比率が高くなっている。対して,女性求職者の場合は,「通勤距離・通勤の便利さ」,そして「職場の人間関係や雰囲気」を男性に比べより重視している。

次に,表9-2は,社会福祉施設に正規職員・正社員として採用された人たちが,現在の職場に対してとくに不満に感じていることである。これによると,総数は「賃金や各種手当」(21.5%)がもっとも多く,次いで「労働時間や勤務形態」(15.8%),「施設運営やサービス方針」(12.5%)となっている。やはり労働条件に対する不満が強く,加えて,施設の管理運営や各種サービスの提供方針すなわち処遇方針に対する不満が強く表明されている。

男女別にみても,ほぼ同じような傾向であるが,女性の方が労働時間や勤務形態に対する不満が強くなっている。

このように,福祉・介護サービス職の低い職場定着率の背景には,さまざま

表9-2 「正規職員・正社員」がとくに不満に感じていること

(単位:%)

	総　数	男　性	女　性
合　計	100.0	100.0	100.0
現在の仕事の内容	2.9	1.1	3.7
賃金や各種手当	21.5	27.3	19.0
労働時間や勤務形態	15.8	6.8	20.1
福利厚生	3.6	5.7	2.6
施設運営やサービス方針	12.5	11.4	12.7
人材育成や研修機会	6.8	3.4	8.5
職場の人間関係	7.9	8.0	7.9
職場全体について	3.9	2.3	4.8
無回答	25.1	34.1	20.6

出所:『福祉の職場で働く―紹介就職者の就業状況に関する調査報告書』東京都福祉人材センター、2005年

な問題点が関連している。その第1は、賃金、雇用形態、労働時間等の労働条件問題である。専門職としての十分な処遇がなされているのかという点は、ここに関連する。第2は、その特異な就労意識の構造である。とりわけ、強すぎるミッション意識とハイモラールな意識状態に対する方策は、福祉・介護サービス事業所のモラール管理問題である。モラール管理は、介護保険施設等の事業所の管理運営のあり方に関連する。すなわち、施設や事業所としてのサービス提供方針を共有するためのコミュニケーション管理の工夫とも関係してくる。また、過剰適応ともいえるハイモラールな意識状態は、同時に、福祉系人材養成機関の課題でもある。第3は、施設・事業所内における職場内の人間関係管理の問題である。なぜならば、労働集約型の業種のなかでも福祉・介護サービス業は人間関係の密度が高い職場であり、チームワークを前提にした職場だからである。

2. 福祉・介護サービス職の労働条件の向上

■賃金水準の向上—介護報酬単価の見直し—

　福祉・介護サービス求職者の社会福祉の仕事に対する「ミッション意識（使命感）」や「ハイモラールな意識状態」などは，労働に対する経済的報酬を望まないような印象をわれわれに与える。しかしながら，実際には賃金等の労働条件に無関心というわけではなく，むしろ就職先の選択にあたっては重視する要素となっている。福祉・介護サービス事業所における人材の定着対策の基本は賃金等の労働条件の向上が基本となる。

　労働条件向上対策のうち，もっとも基本となるのが賃金水準の向上である。第7章でも確認したように，全産業ベースの労働者全般の賃金水準に比べ，相当見劣りするのが現実である。これを改善するには介護報酬単価の見直し[1]が必要となる。介護保険制度のもとでの福祉・介護サービス事業所の経営実態からもわかるように，いくつかの例外的な事業領域を除き，大部分の事業所が介護報酬に事業収入のほとんどを依存している。賃金水準を向上させるには，介護報酬単価の見直しが前提となろう。

　しかしながら，介護報酬の改定については，2005（平成17）年10月の施設利用費の改正を除くと，2006（平成18）年度改定では0.5％減である。居宅サービスは1％減であり，施設サービスは4％減である。

　福祉・介護サービス職の賃金水準の向上では，事業所単位での工夫には限界があり，どうしても介護報酬の引き上げは避けて通れないであろう。あるいは，要介護高齢者等に対して援助サービスを提供する事業は国民の最低限度の生活保障であるという観点からすると，福祉・介護サービス職の賃金の基本的な部分（たとえば，すべてではなく，部分的な定額部分）については，介護報酬とは切り離した財源措置を講ずることも検討すべきではないだろうか。

■専門職としての処遇─資格手当制度の普及と介護報酬の加算制度─

　今回の介護報酬単価の見直しでは，たとえば，居宅介護支援における特定事業所加算制度の創設[2]がある。この制度では，主任介護支援専門員を管理者として配置していること等により介護報酬を加算している。同様の加算制度は訪問介護にもあり，事業所のヘルパーのうち介護福祉士の割合が3割を超えている等を要件として特定事業所加算制度が設けられている。反対に，訪問介護事業所では，サービスの提供に従事する訪問介護員がヘルパー3級の研修課程の修了者の場合，介護報酬が減算されることとなっている。

　これらは，いずれも一定の資格要件等を満たしている福祉・介護サービス職を配置した場合に，介護報酬の加算や減算等の行うものである。福祉・介護サービス事業所の雇用行動において，介護支援専門員，社会福祉士，介護福祉士等の福祉・介護専門職の積極的な採用・配置を促進する施策といえよう。ただし，これらの介護報酬の見直しが，福祉・介護サービス職の賃金に直接的に反映されるとはかぎらない。人材の定着対策としては，個々の福祉・介護サービス職の実質的な賃金額が増額されなければならない。その一つの方策は，特定の資格所有者に対する資格手当の支給による専門職としての処遇である。社会福祉士や介護福祉士等の国家資格の取得には，数年間の教育投資の期間が必要である。教育投資の費用は数十万円から数百万円を要するからである。資格手当の支給は実質的な賃金の引き上げになるとともに，モラールの向上にもつながる。なお，資格手当の支給制度をもつ事業所に対しては，介護報酬の加算制度等の補助措置も必要となろう。

■訪問介護員（ホームヘルパー）等の賃金制度の見直し─移動時間等への賃金の支払い─

　福祉・介護サービス職の労働条件の向上には，雇用関係を安定化させなければならない。しかしながら，個々の事業所や事業者としての経営を成り立たせ

ていくためには，すべての職員を正社員として雇用しサービス提供の業務に配置するというわけにもいかないだろう。労働集約型の業態において，「利益」を確保するには人件費の抑制はもっとも効果的な方法だからである。また，雇用される側としても，たとえば訪問介護員の非定型的な短時間労働つまり「登録型ヘルパー」の雇用・就業形態は，自身の家庭的役割分担との両立や調整の面で合理的な仕組みである点を否定することはできない。このような勤務形態の場合，月々の収入が不安定になるという重大な問題を含んでいるが，定額の時間給制度が適用されるのもやむをえないであろう。とはいえ，自宅から就労場所に行くまでの移動時間，別の就労場所への移動時間や交通費，訪問記録等の報告書の作成時間，あるいは事業所に集合しての打ち合わせの時間や待機時間等に賃金が支払われているのどうかが問題となる。

　前出の㈶介護労働安定センターが実施した調査によると，非正社員の訪問介護員に対する移動時間等への賃金の支払い状況は次のとおりである。移動時間に賃金を「支払っていない」事業所は34.1％，打ち合わせ等の「ミーティング時間」は18.8％，「書類作成・報告書作成時間」は35.5％，「待機時間」は46.1％，「研修・講習時間」についても17.5％の事業所が賃金を支払っていないのが現状である。

　要介護高齢者等の利用者の居宅に向かう移動時間は，それが就労場所に向かうための拘束時間であるから労働時間に組み入れるべきであるという考え方が成り立つ。月給制や日給制により雇用されている場合，この点はあまり問題とはならないであろうが，時間給制の訪問介護員については，移動時間等に対して賃金の支払いがない場合，その収入に大きな差異が生じてこよう。報告書等の書類作成時間，待機時間等に関しても，同様の問題がある。これらの点の改善には，介護報酬単価の見直し等により対応しなければならないだろう。個々の事業所の経営努力には限界があると思われる。

■就労ニーズに対応する雇用管理制度・賃金形態
―就労意欲を喚起する双方向的なキャリアルート―

　非正規の雇用・就業形態の者のなかには，潜在的に正規雇用を望んでいる者がいるであろう。たとえば，非正規の短時間労働の形態で働いている人でも，家庭の事情等が解消し，正規雇用の形態で働くことが可能となった者もいるであろう。このような人たちに対して，一定期間のキャリア蓄積，あるいは研修・教育訓練や資格取得を条件に，正規雇用に転換可能なキャリアルートの創設が考えられる。反面，家庭の事情等により，正規雇用で継続して働き続けることが困難な人も出てこよう。正規雇用と非正規雇用の双方向的なキャリアルートをもった柔軟な雇用管理制度は，結果として，定着率の向上策であるとともに「身近にいる優秀な人材の流出を防ぐ」ことにつながる。どのような雇用・就業形態であれ，長期勤続してくれれば，新規採用より人材育成面でコストダウンできるのである。

　このような正規雇用と非正規雇用の双方向型の雇用管理制度には，それに対応する賃金体系や賃金形態への改編が必要となる。

　さらに，非正規雇用の福祉・介護サービス職の就労意欲を喚起する方途としては，たとえば，熟練した長期勤続の登録型ヘルパーには時間給の増額はもちろん日給制を導入する，人材の熟練度に応じた（資格取得状況を含む）複線型の時間給制度，さらには勤務実績に応じた報奨金制度などが考えられる。登録型ヘルパーで長期勤続し，かつ月々の労働時間が固定している場合には，契約期間を半年単位や年単位に変更するなど，複数の雇用区分の導入等も考えられよう。また，時給や日給の額を算定するために，業務遂行能力や勤務態度そして人柄等を含めた「能力評価制度」の導入も，試みる価値があるであろう。

■有給休暇取得への対応―人員の配置基準の見直し―

　要介護高齢者等を対象にした福祉・介護サービスは，精神的なレベルでストレスを感じる仕事であるとともに，身体的な負荷の大きな仕事でもある。「体力的な限界」が離・転職の大きな理由ともなっているのである。入所形態の介護保険施設では，必然的に夜勤がある。心身の負担を解消し，あるいは業務による疲労の回復には休憩時間や休暇の確保が不可欠である。しかしながら，実際には，このような心身の負担が大きい仕事でありながら，有給休暇の取得状況は労働者全般の状況に比べ見劣りするのが実態である。

　福祉・介護サービス職の有給休暇の取得を困難にしているのは「ゆとりのない人員配置」であるといえよう。老人福祉法による老人福祉施設であれ，介護保険法による介護保険施設であれ，施設サービスや居宅サービスの事業所設置に関する許認可や指定においては，法令に定められた職種ごとの一定の人員の配置をクリアしていなければならない。要は，その配置人員の基準に余裕がないのである。休暇を取得する場合，代替要員を確保しなければならない。それを可能にする解決策は，法令上求めている人員配置の基準を見直し，増員配置とする必要がある。

3．福祉・介護サービス職のモラール管理

■福祉・介護サービス職の過剰適応によるバーンアウトの回避

　福祉・介護サービス職の求職者に特異な就労意識は，社会的意義のある仕事を担っているという「価値追求的態度」とその「心理的充足感」への希求であり，加えて強い「ミッション意識（使命感）」と「ハイモラールな意識状態」，そして社会福祉の仕事に対する「強い適性意識」などである。このような意識状態は，一面では，社会福祉の仕事に従事する「熱意と情熱がある」という点

で肯定的な評価を加えることができる。しかしながら，他方で，あまりにも社会福祉の仕事への「一方的な思い込み」あるいは「前のめりな思い込み」は，それが日常的な業務遂行の過程で充足されず，そして心理的身体的な負担感を生じせしめるとき，バーンアウトとなるおそれを内包することになる。

　バーンアウトとは，「過度で持続的なストレスに対処できずに，張りつめていた緊張が緩み，意欲や野心が急速に衰えたり，乏しくなったときに表出される心身の状況」である（久保・田尾，1991：412）。バーンアウトは，医療，福祉，教育，看護等のヒューマンサービス職にみられる「体験」である。久保・田尾によると，バーンアウトの症状[3]には，消耗感，消極的人間観，後ろ向きの固執的態度，行動異常，そして個人的達成感の後退がある（久保・田尾，1991：415～417）。

　大阪府社会福祉協議会が介護サービス職を対象にした調査では，バーンアウトのレベルの高低に影響を与えているのは，①年齢要因：年齢の低いグループほどバーンアウトのレベルが高い，②雇用形態要因：正規職員がよりバーンアウトのレベルが高い，③所有資格要因：所有している資格レベルがより高いグループほど，つまり介護福祉士やホームヘルパー1級などの者の方がバーンアウトレベルは高くなる，④経験年数要因：経験年数がより長いグループほどバーンアウトレベルが高い，⑤夜勤回数要因：夜勤回数が多いほどバーンアウトレベルが高いという，結果を抽出している。そして福祉・介護サービス職の処遇に関して不満が多いほど，加えて職場の人間関係が良くないと考えている者ほどバーンアウトしやすい結果となっている。

　福祉・介護サービス職に特異な就労意識，なかでも強すぎるミッション意識やハイモラールな意識状態は，同時にバーンアウトを引き起こす要因ともなりうる。社会福祉の仕事に対する過剰な適応は，事業所はもとより本人にとっても，不幸な結果となりうる。これを避けるには，たとえば，複数回の採用時面接等の場面で業務内容への徹底したインフォームドコンセントが行われる必要がある。経験のない人の福祉・介護サービスに対する一方的な思い込みや過剰

な適性意識は，かえって円滑な業務遂行の妨げとなることもありうる。「採用時の雇用管理」は時間コストがかかるものであるが，長期的展望による定着対策としては有効であろう。福祉・介護サービス事業所は「慈善事業やボランティアではないことの認識」をもってもらう必要もあろう。社会福祉法人であっても，介護保険制度下の「市場の原理」とは無関係ではなく，営利法人と競争して顧客を確保しなければならない。つまり，法人形態の如何を問わず，福祉・介護サービスの「業界」は市場経済の原則，競争の原理により動いていることを認識してもらう必要がある。契約によるサービスの提供であること，コスト意識，効率性意識などが求められることを事前に十分に認識し受け入れてもらわなければならない。このような諸点を，募集方針や採用時に明示することにより，入職後の戸惑いを未然に防ぐことができよう。

　この他，職務上の配分において責任分担を明確にしたり職務上の到達目標を限定することにより「成功感」を獲得しやすくする方法もある。特定の個人に仕事に集中しすぎることの回避を通じて，心理的あるいは身体的な負担感を軽減する等の方法もある。また，仕事上の悩みを打ち明ける研修会の開催，そして助言する機会を設けることも有効であろう。

　福祉・介護サービス事業所に人材を供給する福祉系人材養成機関すなわち福祉系の大学・短大や専門学校の社会福祉の教育課程においては，社会福祉の仕事に従事することの社会的意義を過度に強調することを避ける必要があろう。また，福祉・介護サービスの職場の実情等について理解させておくべきである。各種の社会福祉の実習教育は，サービスの提供に関する実習教育が主であり，社会福祉の職場を経験することがあっても，それは一部にすぎない。社会福祉の現場の現実の姿を十分に知ることにはなっていないだろう。理想と現実が乖離したままの就職が，職場への定着率を低める一因となっているのではないだろうか。

■情報開示による福祉・介護サービス職のモラール維持

　介護保険制度をはじめ社会保障・社会福祉の諸制度は急激に変貌している。新しいサービスの登場やさまざまな仕組みの変更等，福祉・介護サービス事業所で働く人たちにとって，その職場への影響は少なくない。激動の日々であるといっても，それがあながち大げさな表現とはいえない。個々の事業者は，これらの制度変化に対応しつつ事業体としての経営を存続するための方策を見つけ出していかなければならない。たとえば，介護報酬単価の変更などは事業所の収入額の増減を規定するものである。賃金等に直接影響することになる。ときには，経営サイドとしては，福祉・介護サービス職に「痛みの伴う要請」をしなければならない場合もあろう。そのためには，あらかじめ事業体としての経営情報を開示しておかなければならないであろう。事情がわからずに，痛みの伴うような説得を受け入れる者はいないのである。たとえ受け入れたとしても，それは表層的なものであり，経営サイドへの信頼の低下はモラールの低下につながりかねない。ヒューマンサービス業は，サービスの提供者と利用者の間に信頼ある関係があってこそ成り立つものである。当然，事業者とそこに雇用される福祉・介護サービス職の間にも信頼の絆がなければならない。

　ともあれ，財務情報を含め，経営情報を常に開示し，また実際に生起している経営・管理上の課題の共有をはかり，制度変化等の外部環境の変化への対応に取り組むべきではないだろうか。

■コミュニケーションの円滑化によるモラールの向上

　一定の歳月を経ると，それぞれの福祉・介護サービス事業所には，サービス提供方針，利用者との関わり方について独特の考え方が生まれてくるものである。また，経営事業体としてはコスト管理等の面で福祉・介護サービス職に意識してもらいたいこともある。このような事業体としての経営・運営方針等に対する理解，また組織上層部と現場との意思疎通やコミュニケーションを図る

ことにより，思わぬところでの食い違いや行き違いを減らしていかなければならない。現場の混乱は，顧客の不信を生みサービス事業としては致命的である。

コミュニケーションの円滑化と情報を共有するための機会には，ケースミーティングによる勉強会の開催，研修会・講習会の開催，定例的な報告会などの方法がある。これらは，業務遂行上の具体的な課題解決の場面でもあるが，同時に福祉・介護サービス職一人ひとりの考え方を吸い上げる機会ともなろう。この他，事業運営に関する定期的な情報交換の場の設定，サービスの提供方法の改善等に関する実効性ある提案制度の創設，一人ひとりの福祉・介護サービス職との定期的な面談等による個人的な問題への配慮も，事業体に対するコミットにつながりモラールの維持を図ることとなろう。労働集約型の業種では，一人ひとりの個人の能力が十全に発揮されることによって経営や事業運営が維持されるのである。

福祉・介護サービス職のモラール管理において，過剰適応によるハイモラールな状態は職場不適応の背景ともなりうるのであるが，同時に，適度なモラールの維持は事業運営面において不可欠な要素である。

4．福祉・介護サービス職の人間関係管理

■職場関係に配慮したカウンセリングシステム

福祉・介護サービス職の勤務形態はさまざまである。訪問介護のように1人のヘルパーが要介護高齢者等の居宅に訪問する単独型，訪問入浴介護のように3人程度のチーム編成方式による勤務形態もある。また，介護保険施設における居室タイプはユニット型や多床型あるいは個室型とあるが，複数の福祉・介護サービス職による集団的なケア体制を組むことになる。

いずれにしても，福祉・介護サービス事業所の職場内の人間関係管理は大きな課題である。なぜならば，労働集約型の業種のなかでも福祉・介護サービス

業は，とりわけ人間関係の密度が高い職場であり，多くの場合，チームワークを前提にした職場だからである。反対に，訪問介護のような勤務形態では，単独による業務遂行のため，責任を一身に担うことになり，孤立化の問題を抱えることになる。単独業務である訪問介護サービスに従事する登録型ヘルパーの場合，日常的な仕事場面に同僚や仲間はいない。単独ゆえに，気を遣わずに仕事ができるという面も否定しないが，自分ひとりに責任の一切がのしかかるため，孤立感や孤独感を惹起しかねない。また，精神的余裕やゆとり感をもてないこと，悩みや不安を解消できないことなど，精神的疲労やストレスが蓄積することもあろう。このような仕事上の悩みを受け止めるために，仲間同士の交流機会を設ける方法もある。事業者としてカウンセリングシステムを用意することも考えてよいだろう。

　また，チーム編成，集団体制によるケアでは，集団内での人間関係上の不和，トラブルがありうる。人間の集まりである以上，止むを得ないものではあるが，それが表面化したとき利用者に不利益を与えないとも言い切れない。われわれも日常生活において，店員間で商品の説明の内容が違っていたり，店員同士が悪口を言い合うような店から商品を買おうとはしないであろう。

　求職者は，離職理由として人間関係上の問題を上げ，求職条件としても職場の雰囲気や人間関係を重視している。福祉・介護サービス業では人間関係管理こそ肝要であり，協調的な職場の人間関係を形成するために配置転換やチーム編成の見直しに積極的に取り組むとともに，事業責任者や職場管理者は定期的にあるいは不定期に職場の人間環境の状況観察や調整に取り組む必要があろう。

■業務に関するスーパーバイズ

　福祉・介護サービス事業所の年齢構成は若年層中心へと大きく変化している。10年ほど前であれば，介護保険施設の中心的な労働力は量的な面では中高年層であった。それが，社会福祉士・介護福祉士の国家資格制度が創設されて以降，福祉系の人材養成機関から大量に有資格の若年労働力が参入するようになり，

事業所の年齢構成を若年層中心へと変貌させている。

若年層中心の職場管理では次のような配慮が必要である。どこの事業所でも取り組んでいるだろうが，さらに意識的に，たとえば新人や若年層の介護業務への配置に関しては，最初は比較的易しい仕事に配置して，次第に難しい仕事に再配置していく。また，業務範囲をはじめは特定化しておき，徐々に経験の範囲を横に拡大し職業能力の幅を広げるというような人員配置上の配慮である（佐藤，2006：8）。

社会福祉士や介護福祉士を所有する若年層は，一定期間の実習教育を経験している。しかしながら，当然それだけの経験で日常的な業務をこなすことはできない。また，個々の事業所には長い年月をかけて築き上げられたノウハウが蓄積されている。これらを習熟し，仕事を任せられるようになるには，仕事上の行き詰まりや戸惑いあるいは目の前に突如現れた課題を乗り越えていくためのアドバイザーが必要である。多くの新人は，「難しい問題が起きたときの対処に自信がない」のであり，これはごく当然のことであろう。最初から独り立ちして仕事などできようはずがないのであり，彼らあるいは彼女たちを職場に根付かせるには，研修制度の充実や教育訓練の機会を用意するとともに，適切な助言やアドバイスを受けられる機会を設け，その役割を担うアドバイザーなりスーパーバイザーの配置が求められよう。

民間企業では，新人に対するOJTの要員が，制度的あるいは非制度的に配置されているものである。入職後の一定期間，顧客との対応や上長への報告や連絡・相談の方法等々の労働規律を徹底して学び，あるいは個別企業独自の各種のノウハウを習得することになる。その基礎的な労働能力があるからこそ，一定期間職場から離れていても，正社員としての再就職が可能になるのである。

話は変わるが，それゆえに，現在のフリーターの問題は，外食産業等においてマニュアル化された業務はこなせるとはいえ，若年期において基礎的な労働規律を学び労働能力を形成する機会を喪失するという，長期的な展望に立った場合のキャリア形成上の重大な問題を孕んでいるのである。

5．福祉・介護サービス職のキャリア管理

■長期勤続をうながす研修・教育訓練機会の提供

　非正社員の勤務形態の介護サービス職のなかには，時間給のアルバイトであると割り切って仕事をしている人もいるだろう。同時に，専門職を志向したり，あるいは，より高度の知識・技術の取得を欲している人もいると思われる。これらの人たちには，資格取得の支援体制を整えることにより，モラールの向上策に取り組む必要があろう。そのことが長期的には定着率を高めることにつながるのではないだろうか。

　周知のように，社会福祉士・介護福祉士の資格制度の改正法が国会を通過した。訪問介護員等の介護サービス職に関する研修・教育訓練体系の見直しも行われている。各事業所でも，これらの資格制度や教育・研修制度の改編への対応を検討するとともに，潜在化している福祉・介護サービス職の学習ニーズや向上心の醸成に取り組む必要があろう。

　たとえば，訪問介護員2級の課程を修了している新人に対しては，介護福祉士の取得につながるような学習機会への配慮が必要であり，事業所内の教育・研修制度について計画的な OJT も用意すべきであろう。通信制の教育課程に在籍し上位の資格取得を目指す者に対しては，休暇の取得を容易にする等の支援制度を設けたり，資格取得に対する報奨金制度もその延長線上に位置づけられるものである。

■個別的なキャリア志向に対する開発システムの用意

　訪問介護員の仕事に対する今後の意向とキャリア形成に関して，日本労働研究機構が実施した調査「ホームヘルパーの仕事・役割をめぐる諸問題」(2003) によると，次のような調査結果となっている。すなわち，「介護分野で

キャリアアップを目指したい」22.6％，「できるだけ長くホームヘルパーの仕事を続けていきたい」35.9％，「さしあたり，しばらくはホームヘルパーの仕事を続けていきたい」29.4％，「ホームヘルパー以外の介護や福祉の仕事（寮母など）につきたい」6.0％，「介護や福祉以外のまったく別の仕事につきたい」1.9％，「早い時期に働くのをやめたい」1.7％である。

　ヘルパーという仕事・職業に対する長期の勤続意向をもっている者は，おおよそ3分の1である。残りの3分の2は将来的には，ホームヘルパーの仕事から離脱する可能性がある人たちということになろう。しかしながら，そのなかには，介護の分野で自身のキャリアアップを志向している者も2割強いるのである。ホームヘルパー以外の福祉・介護サービス職に従事する意向を示している人たちと合計すると，現在，訪問介護員の職にある人たちのうちの3割程度が福祉・介護サービスの業界で自らのキャリア開発を目指し結果的には長期勤続につながる可能性をもつ人材グループということになる（堀田，2003：144～150）。訪問介護員以外の，介護保険施設における非正社員の勤務形態である介護サービス職のなかにも，同じようなキャリアアップ志向をもっている層がいるものと思われる。

　これらのキャリアアップ志向の福祉・介護サービス職に対しては，個別的なキャリアパスの展開が可能となるような仕組みを用意しなければならないであろう。なぜならば，福祉・介護サービス職の所有資格や経験はさまざまであり，年齢や学校経歴そして入職経路も多様だからである。新卒採用者だけみても，4年制の大学卒，短大卒や専門学校卒がいるし，社会福祉士や介護福祉士資格所有の有無によっても分かれる。訪問介護員2級や1級の課程修了者もいれば，まったく資格等を所有していない人たちもいる。他産業から参入してきた中高年層のいわゆる転職組は社会福祉の実習経験や社会福祉施設等での業務経験はほとんどないであろう。このような多様な人材が希望するキャリアパス（腰掛的に就職し，すぐに福祉・介護サービスの業界から離脱しようとする人たちもいるだろう）に対応するには，当然，個別的な到達目標の確認やそれを達成す

るための課題を明確化しておかねばならない。必然的に，福祉・介護サービス職のキャリアパスの開発は個別的な管理ということにならざるをえないであろう。

注

1) 介護報酬等の改定は，2005（平成17）年10月に介護保険制度改正に伴う介護保険施設等の居住費に関連した介護報酬単位等の見直しが行われ，そして2006（平成18）年度にも介護報酬等の改定が行われている。2006（平成18）年度の介護報酬改定率は－0.5％（平成17年10月分を含めると，－2.4％となる）である。在宅分については，－1％であり，在宅軽度分は平均－5％，在宅中重度分は平均＋4％である。施設分は平均±0％（平成17年10月分を含めると－4％）である。

　たとえば，訪問系サービスの「訪問介護」の場合，「生活援助」は「30分以上1時間未満」は208単位で変更がなかったのであるが，「1時間以上」については，これまで30分を増すごとに＋83単位であったのが削除されている。つまり，これまでは「1時間以上」の291単位に加え，30分ごとに83単位が加算されていたのが，なくなったのである。

　介護保険施設については，介護老人福祉施設（特別養護老人ホーム）について，ユニット型個室と多床室との報酬設計のバランス，施設の経営状況を踏まえた報酬水準の見直しを行っている。ユニット型介護福祉施設サービス費（ユニット型個室，ユニット型準個室）は，介護報酬の単価が引き上げられている。要介護1は641単位／日→657単位／日，要介護2は688単位／日→728単位／日，要介護3は736単位／日→798単位／日，要介護4は784単位／日→869単位／日，要介護5は831単位／日→929単位／日と変更されている。それに対して，従来からの介護福祉施設サービス費（多床室）の場合は引き下げられている。要介護1は，659単位／日→639単位／日，要介護2は730単位／日→710単位／日，要介護3は800単位／日→780単位／日，要介護4は871単位／日→851単位／日，そして要介護5は941単位／日→921単位／日となっている。介護老人保険施設ならびに介護療養型医療施設は，介護老人福祉施設と同様に，ユニット型に関しては報酬単価が引き上げられ，従来型については引き下げられているのである。

2) 居宅介護支援の特定事業所加算制度は，中重度者や支援困難なケースへの積極的な対応を行うために専門性の高い人材を確保して，質の高いケアマネジメントを実施している事業所に対する加算である。算定要件の一つに主任介護支援専門員を管理者として配置されていることがある。このような，一定の資格

要件の福祉・介護サービス職を配置していることによる介護報酬の加算制度を拡大する方法も一つである。
3) 久保・田尾によるバーンアウトの症状は、①消耗感：情緒的消耗感。仕事によって伸びきった、あるいは疲れ果てたという感情であり、もう何もしたくないという心理的要素を含んでいる。②消極的人間観：ヒューマンサービス職は、クライエントに対し濃密に人間的に接触しその利益を最大限に引き出そうとする。にもかかわらず、「及び腰になったり、後ろ向きの姿勢をとったりする」行動である。また、脱人格化としては「サービスを受ける人たちに対する無常な、あるいは人間性を欠くような感情や行動」をとったり、「クライエントから距離を置く」つまり、濃密に接触しなければならないのに、距離をおいたり、忌避的な態度をとる。③後ろ向きの固執的態度：真面目に、真剣にクライエントに接しようとしない行為を、独自の価値観や態度によって正当化しようとする。④行動異常：急に黙り込む、怒りっぽくなる。少しのことに腹を立てたり、イライラする。⑤個人的達成感の後退：仕事に対する得意であるという感覚を失ったり、仕事の目標を達成できない、できそうもないと考えるようになる。

終 章

少子高齢社会における福祉・介護サービス職

　本書の研究課題は，少子高齢社会が進行するなかで，増加が確実視されている要介護高齢者に対して各種のサービスを提供する福祉・介護サービス職をめぐる諸問題を明らかにするところにある。

　要介護高齢者の生活を支える責任主体がどこにあるのか。あるいは，誰が，どのような扶養・介護の責任を担い，実際の支援サービスを提供するのか。これについては，子ども家族の責任の領域であるという考え方，つまり私的な領域で要介護高齢者の生活を支えるべきであるという考え方が根強くある。要介護高齢者と子世代とが双方ともに了解し，家族間の介護関係が成り立つのであれば，それを否定するものではない。

　さて，介護保険制度は「介護の社会化」を標榜している。同制度は，要介護高齢者の介護を社会的に担う制度としてスタートした。そこで問題となるのは，今後ますます少子高齢化が予測されるなかで，「介護の社会化」を担うのに必要な労働力資源すなわち福祉・介護サービス職を確保していけるのかということである。少子化は必然的に若年労働力の減少を招く。日本経済全体のなかで，若年労働力の獲得をめぐって，地域間はもとより産業間そして職種間で競合することになる。とりわけ，景気拡大局面では，若年労働力の獲得をめぐる競合関係は厳しくなるであろう。高齢化の要因の一つである少子化は，一方でその結果として高齢化現象を引き起こしつつ介護問題の解決を現代社会に求めている。他方，少子化は若年労働力の供給減を顕在化させるものである。

　このような若年労働力の供給制約の状況下において，福祉・介護サービスの「業界」が各種サービスの提供に必要な労働力資源を十全に確保できるのであ

ろうか。本書の主要な研究テーマはここにある。

以下，本書の各章の分析・考察の全体をとおしての総括を示しておきたい。

1．少子高齢化の進行と高齢者介護の環境変化

わが国の少子高齢化は急速に進行している。合計特殊出生率の低下傾向に起因する少子化はとどまる気配がなく，将来予測による高齢化の水準はきわめて高水準になることが見込まれている。寝たきりや認知症高齢者の発生率を抑制しないかぎり，高齢化は要介護高齢者の増加に直結する。その要介護高齢者の介護環境が大きく変わろうとしている。要介護高齢者の介護環境の変化に密接に関係するのが家族変動である。高齢者家族の核家族化すなわち高齢者の単独世帯や夫婦のみ世帯の増加といった家族の形態変化が顕著である。その将来予測においても，単独世帯や夫婦のみの世帯の増加が見込まれている。さらに高齢者との同別居意識や老親に対する扶養規範意識などの家族意識についても著しく変化しており，老親との同居による扶養・介護の規範意識は低下している。さらに，居宅における家族介護は，現実的には女性がその役割を担っているのであるが，女性の労働力化傾向は着実に進展している。女性の就労意識はもとより，男性の意識面においても，女性が家庭外で就労することを容認する傾向が明らかとなっているのである。

子ども家族による要介護高齢者の介護では，介護の対象である高齢者（＝老親）とは義理関係にある「嫁」の家族役割の重要な一部とされてきた。しかしながら，家族の形態上の変化，家族意識の変化，そして女性の労働力化は，家族介護を「構造的」なレベルで困難なものとしている。たとえば，家族介護と一概にいっても，それは配偶者間の介護関係と世代間の介護関係とに区分される。要介護高齢者が前期老年期の段階では配偶者間の介護関係が成り立つ傾向があり，後期老年期では世代間の介護関係が支配的となってくる。家族介護というと「嫁による老親介護」のイメージを持ちやすいが，現実の家族介護では

配偶者間介護が一定の比率を占めている。「伝統的な家族介護」といわれている「嫁による老親介護の構図」は，圧倒的に支配的な形態とはいえないのである。むしろ，われわれが家族介護の場面で問題視しなければならないのは，介護役割の代替者がいない状態での「老老介護」という現実である。

2．福祉・介護マンパワーの広がりに内在する問題

　介護保険制度が用意する要介護高齢者対象の各種の福祉・介護サービスには，施設サービスとしては介護老人福祉施設（特別養護老人ホーム）や介護老人保健施設等の介護保険施設への入所，居宅サービスについては訪問介護や短期入所介護等がある。介護保険制度が目指している「介護の社会化」をすすめるための条件整備において，これらの施設サービスや居宅サービスの量的な拡充は，要介護高齢者が増える以上，その必要量を用意しておかなければならない。そして，なによりも，これらのサービスを利用者である要介護高齢者やその家族に提供するための福祉・介護のマンパワーが労働力として確保されている必要がある。テレビやコンピュータのような物品とは異なり，「サービス」は「在庫管理ができない，在庫がきかない商品」である。「サービス」は提供されるとともに瞬時に消滅するものである。その評価は利用者の満足感あるいは不満足感として記憶にとどまることになる。いずれにせよ，要介護高齢者対象の福祉・介護サービスにはそれを提供するマンパワーが確保されていなければならない。

　介護保険施設の介護サービス職として，あるいは居宅サービスの訪問介護員として，要介護高齢者対象の諸サービスの提供を職業として行う「福祉・介護サービス職」の他に，福祉NPOによる福祉・介護サービスや家事援助サービスの提供に従事する人たちが増えてきている。福祉NPOにおける介護や家事援助サービスの活動の「担い手」の活動形態は，有償ボランティアのように実質的な意味での「報酬」を伴っている者も少なくない。これらの福祉NPOの

活動者も含めると,福祉・介護マンパワーは広範な広がりを形成することになる。

ただ,福祉・介護マンパワーの広がりは,現在のところ論理的なレベルであるが,一つの問題を内在化している。それは,一定の地域内での賃金市場への影響である。すなわち,福祉NPOの有償ボランティア等の活動の担い手が得る金銭の額(実費弁済分ということであろう)と,居宅サービスの登録型の訪問介護員の時給単価の額に,どの程度の差があるのだろうか。その差額に見合ったサービスの質的なレベルの違いがほとんどないと利用者が判断した場合,利用者はサービス料金の安価な福祉NPOのサービスを選択することになる。訪問介護サービスの多くは,その経営主体が営利法人であろうが,社会福祉法人であろうが,顧客確保のためにサービス単価を引き下げることもありうることになる。要するに,福祉NPOの活動は,論理的なレベルではあるが,一定地域の賃金市場において時間給で働く登録型ヘルパーの時給引き下げ効果を発生させる恐れがある。福祉NPOの拡大は,その可能性を高めることとなりうる。対応策としては,福祉・介護サービス事業所が提供するサービスの質の向上そしてサービス提供者の能力開発による差別化である。このコスト負担を乗り越えるには,介護報酬単価の見直し,そして訪問介護員等の福祉・介護サービス職の任用要件の見直しが行われる必要がある。さもなければ,福祉社会形成の証左でもある福祉NPO活動の活性化は,低賃金の不安定就労層を形成するという,組織設立の趣旨に反する,逆機能をもつことになる。いま一度,ここで確認しておきたいのは,ボランティアをこの市場システムのなかに組み込むと,その安価な「労働力」は既存の市場労働者の賃金を引き下げる恐れがあるという点である。これについては,別に検証作業をすすめなければならないであろう。

3.「営利法人化」する福祉・介護サービス事業者

　介護保険制度が導入されて以降，介護保険施設による施設サービス，訪問介護等の居宅サービスの利用者が着実に増加している。とりわけ居宅サービスの利用者数が大きく伸びている。その結果，福祉・介護サービス職の就業者数が2015年には131万人を見込む推計もある。福祉・介護サービス市場は，消費市場としても，また労働市場としても拡大しつつある。

　介護保険制度のもとに拡大する福祉・介護サービス市場の基本的な課題の一つは，必要とされる福祉・介護サービス職の確保である。少子高齢化の進行は，現在において，そして将来的にも若年労働力の労働市場への供給不足を引き起こすことになる。急速に拡大する福祉・介護サービスの労働市場は，どのようにして，どこから労働力を確保できるのであろうか。また，確保した労働力はサービス提供の面で，それまでのサービス水準を維持できているのであろうか。若年労働力の供給は，福祉系の教育機関から一定程度の新規学卒労働力が供給されている。その多くは，国家資格である社会福祉士・介護福祉士等を所有してはいる。問題となるのは，少子化がさらに進行したとき，福祉・介護サービスの「業界」は，個々の事業所単位はもとより，「業界」全体として十分な労働力を確保しうるのか否かである。労働力確保の面で障害となるのは，福祉・介護サービス職の賃金水準等の労働条件問題であるが，この点は後述する。

　介護保険制度の導入は，要介護高齢者に対する福祉・介護サービスを，市場の原理により提供するシステムへと変更させた。それまで，措置制度の下で提供されていた福祉・介護サービスは，介護保険制度では利用者とサービス事業者との契約に基づくサービス提供システムへと変更された。措置制度下のように行政からの委託により確実に顧客が確保できるということはなくなり，福祉・介護サービス事業者は，自らの努力で顧客を確保していかなければならない。事業者間において，そして地域の隣接する事業所間において，顧客の確保

をめぐる競争の原理が働くことになる。

　介護保険制度の施設サービスの設置主体は社会福祉法人や医療法人等に限定されているが，居宅サービスに関しては営利法人をはじめ多様な経営主体が参入してきている。とりわけ株式会社や有限会社といった営利法人の市場参入が顕著であり，訪問介護の領域では社会福祉法人をこえる市場占有率となっている。拡大する福祉・介護サービス市場の特徴の一つを「営利法人化」と規定することができよう。この「営利法人化」に関しては，いま一つの側面がある。介護保険制度では介護報酬により「経営」を成り立たせなければならない。社会福祉法人は収支差額を生み出し経営体として自立していく必要がある。これからは，自治体等からの補助金に頼ることはできないのである。要するに，社会福祉法人も「営利法人化」しなければならないということである。組織名称は以前と変らないのであるが，介護保険制度の下では，社会福祉法人は営利法人と同様に事業経営を行い，福祉・介護サービス市場のなかで事業体として存続していかなければならない。

4．組織原理の異なる事業体の同一市場での併存による影響

　「広義」の福祉・介護サービス市場には，その組織原理をまったく異にする3つの組織が併存している。社会福祉法人や医療法人などの公益的な法人，株式会社などの営利法人，そして福祉NPOである。異なる許認可の規制下にあるさまざまな組織が，あるいは営利追求を第一義とする組織と，それは第一義的とはしない組織とが，同一の市場で競合しているのである。労働市場に目を転ずれば，生活のための賃金の獲得といった経済的利益の追求を基本とする人たちとボランティアとが，ほぼ同一の市場（特に地理的範囲が重なる地域別労働市場）に含まれているという，福祉・介護サービス労働市場のきわめて変則的な構造的特徴あるいは構造上の問題を指摘せざるをえない。この点については，法人に対する課税制度が異なることからもいえる。たとえば，事業税につ

いては，社会福祉法人については原則非課税であり，収益事業により生じた所得に対してのみ課税される。対して株式会社は事業税を課税されている。固定資産税についても，社会福祉法人は社会福祉事業にかかる部分についての固定資産は非課税であるが，株式会社には課税されている。

　福祉・介護サービス市場における多様な経営主体の混在は，社会福祉法人の事業体としての変質を呼び起こしているかもしれない。それは，既述したようにもう一つの福祉・介護サービス市場の「市場化」の側面であり，福祉・介護サービス職の労働条件や雇用管理に大きな影響を与える可能性を内包している。

　福祉・介護サービス事業所の介護保険制度の施行前と施行後の経営状況をみると，たとえば，介護老人福祉施設（すなわち社会福祉法人）の損益構造が大幅に改善されている。社会福祉法人ではあるが，労働集約型の業種として人件費の削減による事業利益の確保という，事業体としての存続を意図した「営利法人的な経営行動」をうかがうことができる。あえていうならば，社会福祉法人が，営利法人的な行動原則を内包する事業体に変貌したのではないかとみることができよう。ただし，介護保険施設における人件費の削減については，必要な人員が確保できないことによる人件費の支出減という側面のあることも看過してはならないであろう。

　ともあれ，後述するように，福祉・介護サービス事業所における人件費の削減には，そこで働く福祉・介護サービス職の非正社員化の傾向が潜在化していることを合わせて指摘しなければならないだろう。

5．福祉・介護サービス職の非正社員化と二重構造の労働市場

　福祉・介護サービス業は，不安定な雇用・就業形態である非正社員，非正規雇用によって支えられている。介護サービス職いわゆるケアワーカー系の職種で正社員比率が低いのであるが，なかでも訪問介護員の正社員比率がとくに低くなっている。対して，居宅サービス事業所や介護保険施設の生活相談員や介

護支援専門員といったソーシャルワーカー系の職種の正社員比率は概して高い。

　施設サービスを提供する介護保険施設のうち介護老人福祉施設が，他の介護老人保健施設や介護療養型医療施設に比べて，非正社員の比率が高い。雇用・就業形態の面での不安定さが職場定着率を低下させている一因であると推定できる。居宅サービスのうちの訪問介護，訪問入浴介護そして通所介護における介護サービス職の非正社員比率が相対的に高く，非正社員型の労働市場から必要な人員が供給される割合が高いことになる。

　さらに，求人・求職の動向からも，非正社員化が確認できる。「相談員・指導員」や「介護支援専門員」のソーシャルワーカー系職種の新規求人では正社員が多いのであるが，それでも求人面での非正社員化の傾向がうかがえる。また，介護サービス職については，非正社員化の傾向が現在は止まっているのであるが，依然として非正社員での新規求人は高い水準にある。さらに，訪問介護員の新規求人の大半は非正社員での採用となっている。このように，福祉・介護サービス職の全般にわたって，求人レベルでの非正社員化の傾向を確認することができよう。

　要するに，福祉・介護サービス職の労働市場の全般的な状況は，労働市場の「非正社員化」ということになろう。他方，ソーシャルワーカー系職種においては正社員での求人が一定程度あるとともに，正社員の雇用・就業形態の者が多く，いうなれば正社員型の労働市場での需給関係が認められる。つまり，福祉・介護サービス職の労働市場は二重構造の労働市場であり，正社員型の労働市場と非正社員型の労働市場により構成されていることになろう。

　福祉・介護サービス労働市場における求人面での非正社員化の促進要因の一つに，職員配置基準における常勤換算方式の導入を指摘できる。これは，サービス提供に必要な人員配置の面で，必ずしもすべての福祉・介護サービス職を正社員として雇用する必要はないということである。非正規・非常勤の雇用・就業形態を活用して人件費の削減が可能となる。「市場の原理」を採用する介護保険制度では，営利法人はむろんのこと，社会福祉法人においても人件費等

のコスト管理, 一定程度の利益率の確保等, 営利法人と同様の経営行動が必要となる。経営事業体として福祉・介護サービス事業者が存続していくためには, 人件費の削減がもっとも効果的な方法である。非正社員の雇用・就業形態を活用することは, 事業者としては必然的な経営行動といわざるをえない。

しかしながら, 労働市場の「非正社員化」は, 厳しい労働環境ではあるものの正規雇用の形態が多数を占める「安定した雇用の場」であった「社会福祉の世界」が, 不安定な雇用形態の労働市場に変質したことを意味する。ここに人材の職場定着率低下の一因がある。

6. 福祉・介護サービス職の階層化と職場定着問題

福祉・介護サービス職の非正社員化は, その内部における階層化を引き起こしている。階層化の規定要因の一つは雇用・就業形態の違いである。正社員・正規雇用であれば, 定年退職, 事業所の倒産など以外は長期間の雇用継続が見込まれ, 安定的な職業生活を設計できる。対して, 非正社員の場合, 月単位や年単位の雇用契約であり, 将来の職業生活設計の面で不安を抱えることになる。雇用・就業形態の違いは賃金の支払い形態や賃金水準にも大きく影響することになる。要は, 福祉・介護サービス職の階層化に起因する第1の問題は, 賃金水準等の労働条件の格差問題であり, 職業生活の将来展望に関する不安の問題でもある。

次に, 要介護高齢者に介護や家事援助サービスを提供する組織は多様であり, それぞれの組織特性は異なる。サービスの提供に関して, どのような雇用・就業形態の者を配置するのか, それぞれの組織の考え方に大きく左右される。一概に, 居宅サービスや施設サービスに携わるすべての福祉・介護サービス職は正社員でなければならないというものでもない。また, 多くの中高年女性にとっても, 家族的責任との両立を考えるならば, 正社員としての雇用よりも, 労働時間や労働日が限定的となる非正社員の雇用・就業形態を受け入れている

ことも考えられる。問題となるのは，同一職種あるいは同じような業務でありながら，賃金水準等の労働条件に大きな格差が生じることである。つまり，同じような仕事をしていながら，非正社員の賃金水準が著しく低い場合，そしてそれが自ら望んでいないとき，非正社員層は自らの処遇に対して不満を内在化させよう。ときには，正社員層と非正社員層の職場内における人間関係にも支障が生じてくる恐れがある。

また，景気が低迷し労働市場が逼迫している状況下では顕在化しなくとも，景気拡大局面において他産業や他職種との労働力需給の競合状態に入ったとき，非正社員の福祉・介護サービス職がその職にそのまま留まるという保障はない。

いずれにしても，福祉・介護サービスの業務は，要介護高齢者の生活や人生を支える仕事である。ときには，生命に関わる場面もでてこよう。また，夜勤等の変則的な勤務形態での労働時間も賃金のなかに含まれる。その社会的責任と労働上の身体的精神的な負荷を考えるならば，福祉・介護サービス職の賃金水準はけっして高いといえるものではない。

全産業の労働者一般と比べ，福祉・介護サービス職全体の採用率と離職率は高く，職場定着率の低さを確認できる。ただ，訪問介護員の定着率については，非正社員であり非定型的短時間労働者の採用率と離職率が全産業の労働者のうちのパートタイム労働者（女性）のそれに比べ，むしろ低くなっている。つまり，登録型ヘルパーの職場定着率は，一般労働市場におけるパートタイム労働者に比べ悪くはないということである。この背景には，登録型ヘルパーの働き方が，訪問介護員の中心的な労働力である中高年女性が求めている職業スタイルに適していることをうかがわせる。むしろ，問題なのは，正社員そして非正社員ともに介護サービス職の定着率の低さである。とくに，非正社員の常勤労働者の職場定着率が低く，大きな問題を内包しているといわざるを得ない。介護サービス職の多くは介護保険施設において就労しているものと推定される。つまり，福祉・介護サービス職の職場定着率問題は，介護保険施設における非正社員の介護サービス職の問題ということになろう。

いま一つ，職場定着率に影響しているのは，就労意識ではないだろうか。すなわち，福祉・介護サービス職の就労意識の特徴は，社会福祉の仕事に従事することに対する強い選職意識や適性意識の高さ，やりがいのある仕事を社会福祉の現場に求めるという「価値追求的態度」や「心理的充足感」への希求が根強いことである。社会的な貢献を担いたいという「ミッション意識（使命感）」も強く，「ハイモラールな」人たちである。加えて，自らの専門技能や資格を活かしたいという「専門職志向」も就労意識の特徴点として指摘できよう。しかしながら，このようなある種の「前のめりな」就労意識のニーズ，あるいは「社会福祉に対する思い」を適えてくれる場所（職場）がすぐに見つかることはない。そこに，福祉・介護サービス職の潜在的な労働流動性の背景をみることができよう。

7．形成過程の専門職労働市場

　福祉・介護サービス職は専門職として労働市場を形成しているのであろうか。
　居宅サービスにおける，生活相談員・支援相談員のソーシャルワーカー系の職種や介護職員のケアワーカー系の職種について，それぞれの職種内での社会福祉士や介護福祉士の数は着実に増加していることが確認できた。しかしながら，これら資格所有者数の増加以上に，福祉・介護サービス職全体の人員数が増えている場合，当該職種内での資格者占有率は低下することとなる。居宅サービスの事業領域における専門職化は事業領域によって進展の度合いに差異が認められた。
　施設サービスの事業領域では，介護老人福祉施設，介護老人保健施設ともに，社会福祉士数そして資格者占有率ともに着実に上昇している。介護老人保健施設では社会福祉士の占有率は当該職種の約3分の1を占めるに至っている。介護福祉士数そして資格者占有率も増加している。介護老人福祉施設と介護老人保健施設では，介護職員のうちの介護福祉士の資格者占有率は4割強の水準と

なっている。近い将来に再編される，介護療養型医療施設についても，介護職員数が減少傾向にあるなかで，介護福祉士数は増加しており，資格者占有率も他の介護保険施設に比べると低水準ではあるが増加基調となっている。施設サービス領域については，社会福祉士数や介護福祉士数の増加傾向，そして資格者占有率の上昇基調からすると，居宅サービスに比べ，福祉・介護サービス職の専門職化が進展しているとみることができよう。

とはいえ，資格者占有率が比較的高い水準にある介護老人保健施設においても，生活相談員・支援相談員や介護職員のそれぞれの職種内で，社会福祉士や介護福祉士の資格所有者の比率が過半数を超えているわけではない。施設サービス領域における，社会福祉士・介護福祉士の資格所有者の比率を基準とした専門職化の程度としては，福祉・介護サービス職の労働市場は現在のところ「不完全な専門職労働市場」ということになろう。あるいは，資格者占有率が上昇基調にあることからすれば，「形成過程の専門職労働市場」という位置づけとなろう。

【参考文献・参考資料】

安立清史, 2005,「福祉 NPO の展開と福祉社会学の研究課題」福祉社会学会編『福祉社会学研究』第 2 巻, 東信堂

安立清史, 2005,「福祉 NPO 概念の検討と日本への応用—介護系 NPO 全国調査から」『大原社会問題研究所雑誌』No.554

石坂巌, 1976,「社会福祉施設経営労働の実態と問題点」『三田商学研究』Vol.19 No.2

医療経済研究機構, 2004,「家庭内における高齢者虐待に関する調査」

大阪府社会福祉協議会, 2007,「特別養護老人ホームにおける介護職員の業務に関する意識調査」

大本圭野, 1996,「女性と高齢者の在宅介護」『女性と社会保障』東京大学出版会

『介護保険制度の見直しに向けて—社会保障審議会介護保険部会報告・介護保険 4 年間の検証資料』中央法規出版, 2004

介護労働安定センター, 2006,『平成18年版　介護労働の現状Ⅰ　介護労働実態調査報告』

介護労働安定センター, 2007,『平成19年版　介護労働の現状Ⅰ　介護事業所における労働の現状』

神奈川県社会福祉協議会措置費問題等検討委員会, 1994,『措置費問題等検討委員会報告～社会福祉法人の施設経営の安定化と発展に向けて～』

菅野淑子, 2002,「介護サービス労働者をめぐる法的問題—ホームヘルパーに着目して」『日本労働研究雑誌』No.502

北浦正行, 2005,『介護労働者の人事管理』介護労働安定センター

久保真人・田尾雅夫, 1991,「バーンアウト」『心理学評論』Vol.34　No.3

経済産業研究所, 2006,「2005年 NPO 法人アンケート調査」

厚生統計協会, 2005,『厚生の指標—介護保険関連統計の年次推移』Vol.52　No.16

厚生統計協会, 2006,『図説　統計でわかる介護保険2006』

厚生労働省, 2000,「平成11年　介護報酬に関する実態調査」

厚生労働省, 2003,「平成14年　介護事業経営実態調査」

厚生労働省, 2006,「平成17年　介護事業経営実態調査」

厚生労働省, 2006,『平成16年度　介護保険事業状況報告』

厚生労働省, 2006,『平成16年　国民生活基礎調査』厚生統計協会

厚生労働省, 2007,『平成17年度　介護保険事業状況報告』

厚生労働省『介護サービス施設・事業所調査』厚生統計協会, 各年

国立社会保障・人口問題研究所, 2000,『医療・介護の産業分析』東京大学出版会

国立社会保障・人口問題研究所, 2003,『現代日本の家族変動—第 2 回全国家庭動向

調査―』厚生統計協会
国立社会保障・人口問題研究所，2005，『日本の世帯数の将来推計（都道府県別推計）―2005年8月推計』厚生統計協会
国立社会保障・人口問題研究所，2007，『現代日本の家族変動―第3回全国家庭動向調査―』厚生統計協会
国立社会保障・人口問題研究所，2007，『平成18年版　社会保障統計年報』法研
駒村康平，2004，「擬似市場論」渋谷博史・平岡公一編著『福祉の市場化をみる眼』ミネルヴァ書房
佐藤博樹・大木栄一・堀田聰子，2006，『ヘルパーの能力開発と雇用管理―職場定着と能力発揮に向けて―』勁草書房
佐橋克彦，2006，『福祉サービスの準市場化』ミネルヴァ書房
下野恵子・大日康史・大津廣子，2003，『介護サービスの経済分析』東洋経済新報社
下山昭夫，2000，『介護の社会化と福祉・介護マンパワー』学文社
下山昭夫，2000，「高齢者の資産・生活費管理と老後の生活設計―高齢者虐待等の人権擁護問題の背景要因の解明に関連させて―」『淑徳大学社会福祉研究所共同研究報告書―現代社会における児童・高齢者・障害者・女性の虐待問題とその対応に関する調査研究―』淑徳大学社会福祉研究所
下山昭夫，2006，「福祉労働市場における求職者の意識と動向」『総合福祉研究』Vol.10，淑徳大学社会福祉研究所総合福祉研究室
下山昭夫，2007，「拡大する福祉・介護労働」染谷俶子編『福祉労働とキャリア形成』ミネルヴァ書房
社会福祉法人経営研究会，2006，『社会福祉法人経営の現状と課題』全国社会福祉協議会
社会保障審議会人口部会，2002，『将来人口推計の視点』ぎょうせい
庄司洋子，1993，「現代家族の介護力―期待・現実・展望」『ジュリスト』4月増刊号，有斐閣
全国社会福祉協議会，2007，「2004（平成16）年度住民参加型在宅福祉サービス団体活動実態調査」
全国社会福祉協議会，2003，「全国ボランティア活動者実態調査報告書」
田中荘司，2007，「高齢者の人権福祉」田中荘司編『高齢者福祉論』建帛社
田中尚輝・浅川澄一・安立清史，2003，『介護系NPOの最前線』ミネルヴァ書房
東京都福祉人材センター，2004，『やりがいのある仕事を求めて―福祉職場への求職希望者意向・動向調査報告書』東京都社会福祉協議会
東京都福祉人材センター，2006，『福祉の職場で働く―紹介就職者の就業状況に関する調査報告書』東京都社会福祉協議会
内閣府，2006，「2005（平成17）年度市民活動団体基本調査」
内閣府，2007，『平成19年版　高齢社会白書』
西川克己，2005，「福祉企業の労働事情　2　介護保険制度と支援費制度と措置」『先

見労務管理』2月号
西川克己，2005，「福祉企業の労働事情 3 福祉企業の登場①」『先見労務管理』3月号
西田在賢，2001，『医療・福祉の経営学』薬事日報社
野村秀和，2005，『高齢社会の医療・福祉経営─非営利事業の可能性─』桜井書店
服部高明，2003，「NPO法人の現状と課題」『NIRA政策研究』Vol.16 No.11
林和彦，2003，「社会福祉施設の規制緩和と労働の柔軟化」『賃金と社会保障』1344号，旬報社
平岡公一，2004，「社会サービスの市場化をめぐる若干の論点」渋谷博史・平岡公一編著『福祉の市場化をみる眼』ミネルヴァ書房
平岡公一，2006，「社会福祉の市場化と公益性─介護サービスを中心に─」『社会福祉研究』第96号
藤林慶子・小山秀夫，2005，「介護保険施設における介護報酬改定に対する意識および経営意識などに関する研究」『厚生の指標』Vol.52 No.15
古川孝順，2000，『社会福祉の運営─組織と過程─』有斐閣
ヘルスケア総合政策研究所，2006，『介護経営白書 2006年度版』日本医療企画
堀田千秋，2003，『ホームヘルパーの仕事・役割をめぐる諸問題』日本労働研究機構
宮垣元，2003，『ヒューマンサービスと信頼』慶應義塾大学出版会
村上雅子，1999，『社会保障の経済学（第2版）』東洋経済新報社
森岡清美，1988，「女性のライフコースと世代間及び世代内の葛藤」『社会学評論』Vol.39 No.3
山岡義典，2005，「民間非営利セクターの全体像をどうとらえるか？」『大原社会問題研究所雑誌』No.555
山本智恵子，2003，「介護サービス市場の概要」『りそな経済調査』9月号
労働政策研究・研修機構，2004，『就業形態の多様化と社会労働政策』
労働政策研究・研修機構，2006，『2005年度 労働力需給の推計』JILPT資料シリーズNo.12

■ あ と が き ■

　介護保険制度は2000（平成12）年4月に施行されている。介護保険制度は，施行後5年を目途に見直すことが定められており，2005（平成17）年に大幅な制度改正がなされた。制度改正の要点は多方面にわたるが，たとえば，地域密着型サービスや地域包括支援センターなどの新設，サービスの質の確保・向上のための事業者に対する行政上の規制強化などが含まれている。今後，増加が見込まれている認知症や寝たきり等の要介護高齢者を対象にした福祉・介護サービスは，介護保険制度の拡充により整備されようとしている。

　本書において，何度も言及しているのであるが，介護保険制度に基づいた要介護高齢者に対する各種サービスの提供は，福祉・介護サービス職によって供給される。サービスの提供に必要な福祉・介護サービス職すなわち労働力が確保されていなければ，いかに制度を拡充し整備しても，効果的であり充実した制度の運用は成し難いといってよいであろう。

　この点に注目するならば，現状での福祉・介護サービス事業をめぐる状況は危機的であるといってよい。それは，本書でも触れているが，福祉・介護サービスの「業界」に十分な人員を確保できず，介護保険施設のなかには求人しても就職応募者がいない，あるいはいたとしても求人数を下回るといった事態が大都市部を中心に発生しているからである。さらに，採用後の職場への定着率の低下も大きな問題となっている。この背景の一つには，福祉・介護サービス職の賃金等の労働条件が，一般労働市場の労働者に比べ，相対的に低い水準にあることが広く知れ渡ったことがあろう。ここ数年間の日本経済は景気回復の局面にあり，労働市場全般において労働力需要が高まり，福祉・介護サービスの「業界」は必要な労働力を吸引できていないのである。

　介護報酬単価の引き上げといった現実的な政策課題もあろうが，各事業所での経営・管理運営上の工夫や改善への積極的な取り組みが，今こそ求められて

いる。「魅力ある職場」でなければ，人材は集められないのである。

　ところで，本書執筆の時点では，社会福祉士・介護福祉士の改正法が国会を通過し，福祉・介護専門職の養成課程の細部が政策当局によって公表されつつある段階にあった。公表された行政資料が確定したものではなかったために，その詳細に関して議論することは避けた。そのため，新しい社会福祉士・介護福祉士の資格制度と関連づけた検討は行われていない。福祉系の大学の教壇に立つ身としては，たとえば社会福祉士養成課程における相談援助演習や実習指導の時間数の増加，実習先の施設・機関において学生のご指導をいただいている現場の先生方の教員要件の変更など，カリキュラム編成上の大きな課題となる点が多数見られるのであるが，不確定な情報に基づく議論は行わなかった。

　本書では，少子高齢化，高齢者介護，家族変動，市場化する福祉・介護サービス，福祉・介護サービス事業者の経営実態，福祉・介護サービス職の労働実態そして職場定着率の問題等について，各章においてそれぞれ詳細に議論してきた。それらの全体としての取りまとめ，つまり本書全体としての総括は「終章　少子高齢社会における福祉・介護サービス職」に述べてある。その内容をここでは繰り返さないが，終章における総括は，現時点での筆者の「とりあえずの結論」であり，筆者の今後の研究課題を整理したつもりである。

　数年前から，「『介護の社会化と福祉・介護マンパワー』（学文社）に替わるものを書きなさい」といわれてた。勢いで，「本を書きます」といってしまったが，これほど手間取るとは予想外であった。何とか脱稿できたのは，「社長のおかげである」と感謝申し上げる。「社長の叱咤激励」は，筆者を執筆作業に駆り立てる。50歳の齢を超えても，大学院生時代の「経験」は拭い去れないもののようである。田中千津子社長に深く感謝申し上げるとともに，今後のご指導をお願いする次第である。

　2008年2月

下山　昭夫

■ 索　引 ■

あ　行

移動時間　146, 184
営利法人化　107-109, 202
NPO法人　83
　──の全国規模の推計　85
OJT　192, 193

か　行

介護規範意識　61
介護行動の特徴　40
介護サービス職　130-132, 134, 159
　──の定着率　178, 179
介護支援専門員　134-136, 138, 149
　──の給与額の分布　142
介護事業収益　114, 115, 118, 119, 123
介護事業費用　115, 118-120, 122, 124
介護職員　78, 104, 131, 132, 138, 141,
　　　　　　　　　　　　　　148, 153
　──数の推計　80-82
　──の給与額の分布　142
　──の定着率の低さ　154
介護
　配偶者間の──関係　198
　──の構図　31, 38, 39, 45, 61
　──の社会化　1, 68, 197
　──の心理的負担感　44
介護福祉士　172, 173
　──資格所有者数　174
介護負担　31, 35
　──感　42
　身体的な──感　44
介護報酬単価
　──の引き上げ　128
　──の見直し　127, 182
介護保険施設　96, 99, 103, 116, 151
介護予防サービス事業所　100

介護料収益　114-116, 118-120,
　　　　　　　　　　　　　122-124
介護療養型医療施設　99, 103, 111,
　　　　　　　　　　　　　115-117
介護老人福祉施設　99, 103, 104, 111,
　　　　　　　　　　　　　114, 116
介護老人保健施設　99, 103, 111, 115, 117
核家族世帯　31
過剰適応　190
家族介護　37
　──者　33, 34
　──者の続柄　32, 33
価値追求的態度　165, 166, 171, 179, 186,
　　　　　　　　　　　　　　　207
擬似市場　90, 91
基礎的な労働能力　192
キャリアアップ　194
キャリアルート　185
求人・休職の動向　155
居宅介護支援　124
　──事業所　96, 98, 107, 138, 151
居宅サービス　159
　──介護に対する需要　49
　──事業　124
　──事業所　96, 118, 126
　──事業所の経営収支　125
　──受給者数　27, 95
ケアワーカー　6
　──の職種　140, 141, 203
経営収支　113-115, 119, 123, 124, 126
月間実労働時間　146
月給　139, 140, 144-146
限界集落　15, 24
後期高齢者　27
　──人口　12
　──人口による高齢化　12
　──人口の比率　12

索 引 215

後期老年期　36,37
合計特殊出生率　11,19,20
高齢化　8,16,197
　　——における地域間格差　12
　　——の進行スピード　11
　　——率の地域間格差　14
高齢者核家族　51
　　——の比率　31,32
高齢者家族
　　——の核家族化　1,39,50,52
　　——の将来予測　52
高齢者虐待の発生要因　42-46
雇用管理制度　185
雇用労働者化　65

さ 行

採用率　151-154
サービス受給者数　94
資格者占有率　174,176,177,207
資格手当
　　——の支給　183
時間給　139,140,144-146
市場化　89,90,108,128,203
市場の原理　91,108,201
施設介護志向　54,55
施設サービス　159
　　——事業　124
　　——事業所　126
　　——受給者数　27,95
自宅介護志向　54,55
市町村レベルにおける地域間格差　15
指定制度
　　事業者の——　92
社会貢献意識　166
社会福祉士　172,173
　　——の資格所有者数　174
社会福祉マンパワー　74,75
若年労働力　16,24
　　——の減少　197
　　——不足　23,24

就労意識
　　特徴的な——　165
　　——の構造　166,179
宿直　148
受療率　26,27
生涯未婚率　11,16-18
常勤換算　87,103
　　——数　78,80
　　——方式　160,204
常勤労働者　140,146,152,153
少子化　8,16,197
少子高齢社会　7,11
将来推計人口　11
　　日本の——　9
職場定着率　146,151,167,204
　　——問題　153
　　低い——の背景　181
初婚年齢　11,16,18
女性
　　——の就労意識の変化　62
　　——の労働力化　62,65
女性介護者　34-37,39
女性介護職員　133,134
書類作成時間　184
人員配置
　　——の基準を見直し　186
新規求職　156
新規求人　155-158
人件費比率
　　　　113,115,116,118,119,121,123-126
人口置き換え水準　19
人口将来推計　24
人生80年時代　21
心理的充足感　165,166,171,179,186,
　　　　　　　　　　　　　　　　　207
スーパーバイザー　192
生産年齢人口　8,16
正社員　136-138,140,146
　　——型の労働市場　158,160,204
生命表　21,24

世代間介護（親子間関係・義理の親子関係）　45,198
世代間介護　32,35,37,39,52,58,59
前期高齢者人口　12
前期老年期　36
専門職化　176
　──の程度　171
専門職志向　167,171,179,207
専門職労働市場　171
　形成過程の──　177,208
　専門的・技術的職種　71
　不完全な──　177,208
ソーシャルワーカー　6
　──系職種　140,141,147,158,204
措置制度　88,89,109

た　行

待機時間　146,184
短期入所生活介護　98,102,105,123
短期入所療養介護　98,107
短時間労働者　140
男性介護者　33-35,37
男性介護サービス職　134
男性介護職員　133
地域包括支援センター　100
地域密着型サービス事業所　96,98
超過実労働時間　146
賃金
　──の支払い形態　139,140
通所介護　98,100,120,160
通所リハビリテーション　98,100,101,105,122
定型的短時間労働者　140,146,153
適性意識　166,171,186
転職志向　170
同居規範意識　59,61
同居率　52
同別居意識の動向　58
登録型ヘルパー　71,137,138,158,191
　──の職場定着率　154

特定施設入所者生活介護　98,102,107
特定福祉用具販売　98
特別養護老人ホーム　111,112

な　行

日給　139,140,144-146
人間関係管理　190,191
認知症対応型共同生活介護　98,102,107,123
年収試算額　144
年少人口　8,16
　──比率　15
能力評価制度　185
ノーマライゼーション　42

は　行

倍加年数　11
配偶者間介護　32,35,37,39,44,52,58,199
ハイ・モラール
　──構造　167
　──な意識状態　171,179,182,186
　──な状態　190
バーンアウト　187
晩婚化　18
非常勤職比率　159,160
非正規雇用　137,138
非正社員　136-138,140,146
　──化　156,158,160,179,203,204
　──型の労働市場　158,160,204
必要書類の記載時間　146
非定型的短時間労働者　140,146,153
ヒューマンサービス業　189
ヒューマンサービス職　187
福祉NPO　71,72,83,85,86,199
　──の従事者数　85
福祉・介護サービス
　──消費市場としての　93
　──の市場化　107
　消費市場としての──市場　96

索　引　217

——市場　91, 94, 105, 108, 201, 202
——労働市場　160, 202, 204
福祉・介護サービス事業所
　——数　96
　——の従事者数　100
福祉・介護サービス職　158
　——の階層化　205
　——の勤続年数　151
　——の月給の給与額の分布　142
　——の実人員数　76
　——の職場定着問題　151
　——の職場定着率　154
　——の所定内賃金　144
　——の賃金水準　143, 144, 146
　——の有給休暇の取得日数　149
　——の労働時間　146
　——の労働条件　138
福祉・介護マンパワー　5, 70-72, 87
　——の多様性　70
　——の多面性　72
福祉サービス職　130
福祉用具貸与　98　102, 107
扶養・介護意識　61
平均給与総額　142
平均寿命　16, 20, 24
平均有給休暇取得日数　148
平均有給休暇取得率　148
平均余命　16, 21
　65歳時点の——　21
訪問介護　97, 100, 104, 107, 118, 160
　——員　71, 132, 138, 146, 152, 158
　——事業所　138, 151
訪問看護ステーション　98, 100, 107, 119
訪問入浴介護　100, 107, 119, 160
保険給付
　——額　94
　——保険給付の費用額　93

補助金収入　123

ま　行

未婚化　17, 18
ミッション意識　166, 171, 179, 182, 186, 207
モラール管理　190

や　行

夜勤　148
　——日数　148
有給休暇の取得状況　148
有訴者率　26
有良老人ホーム　123
要介護高齢者　33-35
要介護高齢者（男性）　35
要介護高齢者（女性）　37
　——数の将来予測　46, 47
要介護・要支援認定者数　94, 95

ら　行

離職率　151-154
利用者単価　94
療養型病床群
　——を有する病院　111, 113
利用料収益（保険外の）　119, 120, 122, 123
労働規律　192
労働市場
　——としての福祉・介護サービス市場　96, 103
　二重構造の——　158, 204
労働集約
　——型の業種　116, 124
労働流動性　170, 171, 179, 207
老年人口　8, 10
老老介護　35, 199

著者紹介

下山　昭夫（しもやま　あきお）

1956年　生まれ
1985年　中央大学大学院文学研究科社会学専攻
　　　　博士後期課程単位取得満期退学（社会学専攻）
現　職　淑徳大学総合福祉学部教授
主　著　『介護の社会化と福祉・介護マンパワー』学文社

少子高齢社会の福祉・介護サービス職

2008年3月10日　第一版第一刷発行

著　者　下　山　昭　夫
発行者　田　中　千津子
発行所　㈱　学　文　社

〒153-0064　東京都目黒区下目黒3－6－1
電話（03）3715-1501㈹　振替 00130-9-98842
http://www.gakubunsha.com

落丁・乱丁本は，本社にてお取り替えします。　　印刷／東光整版印刷㈱
定価は売上カード・カバーに表示してあります。　　〈検印省略〉

ISBN 978-4-7620-1772-8
ⓒ 2008　SHIMOYAMA Akio　Printed in Japan